HEYNE <

DAS BUCH

Die Wurzeln der heimischen Magie reichen viel weiter, als das auf den ersten Blick ersichtlich ist: Hier treffen nordische Götter auf slawische Heiligtümer, germanische Elfen auf römische Bräuche, weise Kräuterfrauen auf uralte orientalische Amulette. Und all das trifft auf unsere urbanisierte Moderne.

Widersprüche muss es dabei nicht geben. Denn wie die weithin bekannte Hexe Claire aufzeigt, bereitet uns all das den Boden für ebenso kreative und heilwirksame wie zeitgemäße Magie. Für eine Magie, die das Leben zauberhaft verwandelt. Die vielfältigen magischen Kräfte unserer Vorfahren stecken bis heute in unseren Genen, wir müssen sie nur wiederentdecken.

DIE AUTORIN

Aufgewachsen inmitten einer reichen Fülle von alten, geheimnisvollen Bräuchen, interessierte sich Claire schon früh für die spirituelle Kraft der weißen Magie. Heute ist die Lebensberaterin und praktizierende Hexe eine der erfolgreichsten Autorinnen zum Thema Magie. Claire lebt in Leipzig.
www.hexe-claire.de

CLAIRE

Heimische HEXEN KUNST

Die Wiederentdeckung unserer magischen Wurzeln

Das praktische Handbuch für moderne Hexen

WILHELM HEYNE VERLAG
MÜNCHEN

Penguin Random House Verlagsgruppe FSC® N001967

Taschenbucherstausgabe 07/2023

Redaktion: Dr. Diane Zilliges
Illustrationen und Fotos: © Stephan John
Umschlaggestaltung: Guter Punkt, München
Umschlagmotive: © Rawpixel / Getty Images,
© seyfettinozel / Getty Images, © sensationaldesign / Getty Images
Satz: Satzwerk Huber, Germering
Druck und Bindung: GGP Media GmbH, Pößneck
ISBN 978-3-453-70460-2

www.heyne.de

Widmung

*Mein Dank von Herzen an die wunderbare,
strahlende Brigid, den Fels in der Brandung.*

Mein Dank an Mars für die unerwartete Hilfe.

Danke allen guten Geistern.

Ich widme dieses Buch allen, die für andere da sind.

Inhalt

Einführung: Was ist heimisch?

Was ist heimisch in der Mitte von Europa? Diese Frage lässt sich gar nicht so einfach beantworten, denn es gab und gibt so viele Einflüsse und die unterschiedlichsten Kulturen, die etwas mitgebracht und beigetragen haben. Von den vielerorts zu findenden Tempeln römischer Gottheiten bis zur Isis in Mainz, von slawischen Heiligtümern auf Rügen bis zu keltischen Einflüssen in den Alpen, dazu die Germanen und all die weit gereisten Händler, die natürlich auch Geschichten, Ideen und spirituelle Traditionen weitergetragen haben – und das alles beschreibt nur die Antike. Magische Gestalten wie Frau Holle reichen nach dem heutigen Stand der Forschung noch viel weiter zurück in die Vergangenheit und berühren möglicherweise die Steinzeit.

In die Neuzeit hinein wurde das klassische Wissen in geheimen Gesellschaften und nicht zuletzt durch die Kunst neu belebt. Ab der Renaissance standen in fürstlichen Palästen und Gärten auf einmal wieder Statuen von Venus, Bacchus, Poseidon & Co. Spätestens ab der

Romantik waren dann auch Naturgeister und mystische Stimmungen wieder voll im Bewusstsein einer breiten Masse. So kannten wir in unseren Breiten schon immer einen bunten Mix der Einflüsse und es gab keine Zeit so ganz ohne Magie und naturverbundene Spiritualität, weder bei den Reichen und Gebildeten noch bei den einfachen Menschen.

Heimat kann einem Menschen vieles sein, das steht fest. Für den einen ist es die Gegend, aus der er kommt, vielleicht der Dialekt, den man spricht, oder die traditionellen Rezepte der Familie. Heimat, das können auch geliebte Menschen oder bestimmte Traditionen, Wege und Rituale im eigenen Leben sein. Bezieht man diesen Begriff auf ein bestimmtes Gebiet wie den deutschsprachigen Raum, und liegt dieser Raum auch noch mitten in Europa, bezieht er sich auf ein vielfarbiges Mosaik unterschiedlicher Epochen, Einflüsse und Strömungen.

Wir reden heute gern vom modernen Phänomen der Globalisierung und übersehen manchmal, dass es in der Antike nicht minder rege zuging. So wurden in Sachsen-Anhalt Medusa-Amulette gefunden, und es kamen auch schöne Glasperlen ans Licht. Germanen, die sich bei den Römern als Söldner verdingt hatten, haben sie in ihre Heimat mitgebracht.

Wir denken heute mit Blick auf die Vorfahren meist an die Germanen und Kelten, aber was ist mit den Slawen? Bis heute hat die slawische Gemeinschaft der Wenden (auch Sorben genannt) etwa 60 000 Mitglieder. So wenige sind das gar nicht, und es ist nur eine Gruppe.

Und damit nicht genug. Was ist mit der langen Zeitspanne vor diesen Kulturen? Was ist mit der Völkerwanderung oder den ausgeprägten Handelsbeziehungen, die es schon zu Zeiten der Himmelsscheibe von Nebra, also vor etwa 4000 Jahren gab? Je weiter man in die Details geht, desto klarer wird: Alles ist mit allem verbunden. Das ist nicht nur eine spirituelle Aussage, sondern eine ganz praktische. Es gab Matronen-Heiligtümer in unserem Kulturraum, und der slawische Svantovit hoch oben auf Fischland an der Ostsee ist bis heute nicht vergessen.

Ähnlich dem Synkretismus in anderen Teilen der Welt verschmolzen auch bei uns im Zuge der Christianisierung Gottheiten mit Heiligen, und die Mutter Gottes nahm zahlreiche Symbole ihrer Vorgängerinnen unter ihren Sternenmantel, wie die Mondsichel oder die heilige Schlange (nunmehr als Drache verunglimpft, aber immer noch erkennbar). Auch die Lilien der alten Göttinnen übernahm sie, sie wurden vom Symbol der Sexualität zum Zeichen der Keuschheit umgedeutet, doch die Form der Blüte blieb eindeutig.

Die alltägliche Volksmagie, weise Frauen und Mystikerinnen, die Studien der Hofmagier und nicht zuletzt christliche Weise wie Agrippa führten alte Traditionen in der Neuzeit fort. Hermetische Orden bildeten sich, fielen teilweise wieder auseinander und verteilten dabei magisches Wissen wie reif gewordene Samenkapseln. Neue spirituelle Wege entstanden, die gut zwei Jahrzehnte nach dem Zweiten Weltkrieg von den Blumenkindern aufgenommen und weitergestaltet wurden. Der oft wehmütig gesprochene Satz, dass wir hierzulande im Gegensatz zu traditionellen Kulturen von jeder Tradition abgeschnitten wären, ist zum Glück nur eine kleine Melancholie. Angesichts der Fülle von Querverbindungen, historischen Schichten und spirituellen Wegen hat man eher das Problem, das Typische herauszuarbeiten – zumal jede Region ihre eigenen

Traditionen hat. Ein Fest, das in einem Dorf unumstößlich zum Jahreskreis gehörte, wurde in einem anderen Dorf, keine zehn Kilometer entfernt, möglicherweise gar nicht gefeiert.

Wenn wir uns mit heimischer Hexenkunst befassen, bewegen wir uns also auf einem flexiblen, offenen und vielschichtigen Untergrund. Davon können wir uns graue Haare wachsen lassen und uns in immer neue geschichtliche Details hineinfuchsen, die in zehn Jahren vermutlich hinfällig sind, weil neue Funde das Bild erweitert haben. Oder wir umarmen all die Fülle, spüren ihr intuitiv nach und leben im Hier und Heute mit dem, was zu uns in Resonanz geht.

Die Frage ist doch: Willst du einen spirituellen Weg aus dem Geschichtsbuch oder einen, der jetzt und genau hier an diesem Ort lebendig ist? Damit sei nichts gegen das Interesse für geschichtliche Forschung gesagt, aber im spirituellen Bereich geht es um lebendige Beziehungen von »hüben nach drüben«. Ein spiritueller Weg ist nur dann lebendig, wenn er es eben auch ist und von der »anderen Seite« etwas zurückkommt. Die alten Göttinnen und Götter, die Feen und Naturwesen, die Geister der Orte und nicht zu vergessen unsere Ahnen haben ein großes Interesse daran, wieder gesehen zu werden und mit uns zu kommunizieren. Das merkt man spätestens, wenn Schamaninnen und Heiler aus anderen Kulturen zu uns kommen, für die dieser Kontakt ganz normal ist. Manchmal brauchen sie viel Geduld, um die Spirits hervorzulocken, weil sie so lange nicht von uns gesehen wurden. Und manchmal werden die angereisten »Fachleute« von den hiesigen Spirits fast überrannt, weil sich die Geister so freuen, dass endlich jemand da ist, der sie sieht. Da stellt sich schon die Frage: Sollten wir diesen Job nicht selbst machen?

Die Bedeutung unserer eigenen spirituellen Aktivität

Wir selbst reisen oft in die Ferne, um spirituelle Erfahrungen zu machen. Auch wenn Seminare an exotischen Orten ihren Wert haben können, kommen wir irgendwann wieder nach Hause. Dort ist es auf den ersten Blick vielleicht nicht so spannend wie im Himalaja, im südamerikanischen Dschungel oder in den Weiten der mongolischen Steppe. Das bedeutet aber nur, dass ein zweiter Blick angebracht wäre.

Wer sich schon länger mit spirituellen Themen beschäftigt, wird sich noch an die ein oder andere Welle erinnern können. Da gab es die Indianerzeit, als plötzlich alle Büffel und Weißkopfseeadler als Krafttiere hatten. Eine Zeit lang war Südamerika angesagt und einige fühlten sich mit Jaguaren und stattlichen Riesenschlangen verbunden. Während wir in den Traditionen von weither schwelgen, sagen die weisen Frauen und Männer genau dieser Traditionen: Ihr könnt gern von uns lernen, dann aber arbeitet mit dem, was euch umgibt. Und da können wir nun wirklich aus dem Vollen schöpfen.

Auf einem Einweihungsweg, den ich gegangen bin, lernt man fünf große Einflüsse auf den spirituellen Weg bewusst wahrzunehmen. Da ist einmal die Zeit, in der man lebt, also das Heute. Dazu der Ort, nicht irgendwo in weiter Ferne, sondern genau hier. Dann die eigenen Ahnen, also unsere Vorfahren und ihre Herkunft, ihre

Wege und ihre Traditionen, selbst wenn wir sie eher unbewusst in uns tragen (wobei Ahnen natürlich immer auch die Ahnen im Geiste umfassen). Dazu kommen die möglichen Prägungen durch frühere Leben, in welcher Form auch immer sie stattgefunden haben mögen, und als fünfter Punkt die uns heute umgebende Kultur. Das kann eine gute Ausgangsbasis für weitere Überlegungen sein. Es geht nicht darum, ein festes Baukastensystem zu entwickeln und nicht mehr rechts und links des Weges zu schauen. Es geht um die lebendige Kommunikation mit der spirituellen Ebene – und die ist vielfältig.

Für manche ist es ein fest umrissener Weg, für andere eine kunterbunte Mischung – und beide haben recht. Warum? Weil sie ihrem Weg folgen. Menschen sind unterschiedlich verdrahtet, und auch die spirituelle Welt kennt lockere und strenge, wilde und sanfte Wesenheiten. Betrachte dieses Buch daher bitte nicht als ein festes Schema, sondern als Inspiration für deinen eigenen Weg, wie auch immer er aussehen mag.

Praktische Magie

Spirituelles und Materielles gehen Hand in Hand. Materiell, da steckt das lateinische *mater* für »Mutter« drin. Ganz ähnlich dem asiatischen Denken, in dem Yang das Energieprinzip ist und Yin die Materie, die Substanz. Ich verwende diese beiden Begriffe im Folgenden, weil sie griffig wiedergeben, was ich meine. Sie haben zwar einen asiatischen Ursprung, sind im Kern aber universell gültig. Du kannst statt Yang auch Energie denken und statt Yin Substanz.

Beides geht Hand in Hand, das eine kann nicht ohne das andere sein, dabei käme es zu einer Unausgewogenheit. Man kann die hiermit verbundenen fundamentalen Prinzipien des Lebens ignorieren, aber nie allzu lange. Das sieht man ganz praktisch am Burn-out, wenn das gleißende Yang die Substanz Yin verbrannt hat, die dann erst mühevoll wieder aufgebaut werden muss.

Bei uns im Westen wird oft versucht, diese Dinge zu umgehen. Wir wollen cleverer sein als das Leben selbst und sind – um in diesem Bild zu bleiben – sehr Yang-lastig. Die Ruhe, die stille Kraft und die verbindliche Greifbarkeit des Yin würden wir am liebsten überspringen. Yin scheint uns nur aufzuhalten, es macht Umstände und ist irgendwie etwas rückständig angesichts der Schnelligkeit unserer Zeit und ihrer zahlreichen Möglichkeiten, die uns im Hamsterrad der Abwechslung gefangen halten.

Diese Einstellung färbt auch auf das spirituelle Leben vieler Menschen ab. Praktische Rituale, Zeremonien, symbolische Handlungen, all diese Dinge sind das Herzstück des magischen Weges. Wir sind im Hier und Jetzt sinnliche, physische Wesen in einem Körper. Doch die Yang-lastige Sichtweise wertet das Yin ab, das Körperliche, das Greifbare. Und so wollen einige auch im Spirituellen nur mit reiner Energie arbeiten, sie betrachten Rituale und Zeremonien als rückständig, als etwas für die, »die noch nicht so weit sind«.

Dieses dualistisch geprägte Denken ist tief verankert. Doch wer nur das Yang anstrebt, das grelle Licht, die pure Energie ohne jede Substanz, findet sich schnell inmitten frei flottierender spiritueller Kräfte – ohne jede Erdung. Da kann einem schon mal die Sicherung durchbrennen. Oder man bekommt die Kraft einfach nicht eingefangen und in das praktische Leben, also in sichtbare Ergebnisse umgesetzt. Alles im Leben braucht ein Fundament, sonst rutscht es eines Tages weg und gerät in Schieflage.

Die Zutaten eines Rituals sind so ein Fundament. Sie bringen sich mit ihren gut geerdeten, soliden Schwingungen ein – mit ihrem Yin, ihrer Substanz. Die Energie, die wir im Ritual fließen lassen, das Yang, bewirkt die Aktivierung dieser Zutaten. Jetzt kommen beide Pole zusammen, und wenn dies harmonisch geschieht, entsteht neues Leben. Dann werden die lang ersehnten Veränderungen möglich, neue »Kinder« kommen ans Licht, ungeahnte Wege tun sich auf, und das Leben erneuert sich.

Viele wundern sich, warum archaische Kulturen so viel Erfolg haben mit ihren Heiltänzen, den Zaubern, Räucherungen, Fetischen, Orakeln und Ritualen. Es liegt daran, dass sie diese alte Wahrheit nie vergessen haben. Sie arbeiten *mit* den Kräften des Lebens und nicht einseitig an der Polarität des Lebens vorbei. Unsere Vorfahren wussten das auch. Das ist der Grund, warum diese »rückständigen« Rituale und Zauber nie ganz in Vergessenheit gerieten und heute mehr und mehr genutzt werden, um unser Leben in Balance zu bringen und Veränderungen einzuleiten.

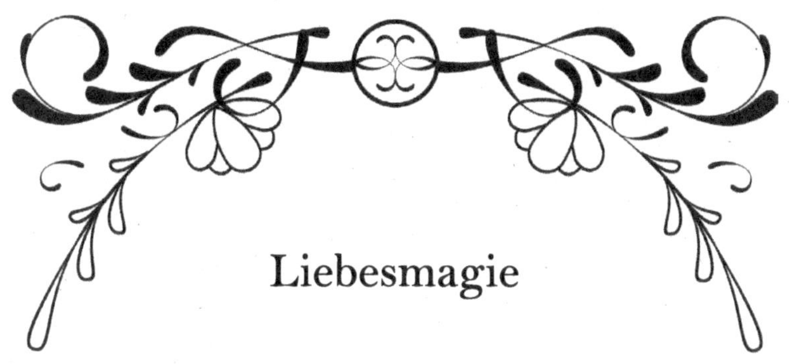

Liebesmagie

Liebesmagie. Wer denkt da nicht an rote Kerzen in lauer Vollmondnacht und magische Sprüche, die brennende Leidenschaft und ewige Liebe beschwören? Zum Glück ist Liebesmagie sehr viel mehr als ihr Klischee. Und auch Liebe kann viele Gesichter haben. Das echte Leben ist kein Schlagertext, man liebt viele verschiedene Menschen auf ganz unterschiedliche Arten, und es gibt auch nicht diese reine, vom praktischen Leben abgekoppelte Liebe. Einen Menschen zu lieben schließt nicht aus, dass einem manche seiner Wesenszüge hin und wieder auf die Nerven gehen.

So viel Liebeskummer könnte eingespart werden, wenn die hohen Ideale ein wenig tiefer gehängt und dafür ein bisschen mehr Humor Einzug halten würde. Die Liebe ist beweglich, sie verändert sich, wir verändern uns. Das hört sich trivial an, und doch scheitern viele Beziehungen genau an diesen drei Punkten: zu hohe Ideale, zu wenig Humor, kein Wille zur Veränderung.

Magische Rituale können der Liebe neue Impulse geben und Veränderungen anstoßen. Sie können den Weg ebnen, gehen muss man ihn dann aber selbst. Rituale und Zauber »machen« keine Liebe, wie sich viele insgeheim erhoffen. Sie helfen, zu Wendepunkten zu finden.

Wer kennt nicht diesen Moment, wenn man sich gestritten hat und die Wolken plötzlich wieder verfliegen? Oder den Moment, in dem mit einem Mal dieses ausgesprochen interessante Gegenüber auftaucht, nachdem man so lange Single war. Es geht um diese Momente, das ist der Job eines Zaubers – und dann macht man im echten Leben etwas daraus. Bildlich ausgedrückt: Magie heizt das Eisen auf, das man schmiedet. Sie bringt frische Energie in eine stagnierende Situation.

Alles blockiert: Bleibe ich ewig Single?

Nach einer längeren Zeit als Single kann es hilfreich sein, die Partnerschaftsenergie wieder anzukurbeln. Laut Volksmund wird man mit den Jahren etwas komisch, wenn man keinen Partner, keine Partnerin hat. Das stimmt so nicht, man kann auch *mit* Partner oder Partnerin etwas eigenartig werden, da kennt wohl jeder ein paar Beispiele. Wahr ist aber, dass Energiefelder (ich drücke es mit diesem etwas sperrigen Wort aus, das umschreibt die Sache am besten), die man lange nicht berührt hat, im eigenen Leben nicht mehr so strahlend vibrieren. Sie verblassen, ziehen sich zurück und schweben nur noch im Hintergrund.

Wer sich nach einer neuen Liebe sehnt, sollte dieses Energiefeld also gründlich aufpolieren, nicht nur mit dem folgenden Ritual, sondern auch im Alltag. Wer den ganzen Tag an sich zweifelt, grübelt, sich mit anderen vergleicht und trüben Gedanken folgt, der hegt und pflegt eben nicht das »Energiefeld neue Beziehung«, sondern das »Energiefeld trübe Gedanken«. Das kann man schon mal eine Zeit lang machen, wir sind alle nur Menschen. Aber irgendwann sollte man sich – und sei es anfangs noch so zaghaft – aufraffen und das anlocken, was man sich wirklich wünscht, anstatt über dem Gegenteil zu brüten.

Für Singles, die sich eine Beziehung wünschen

Nimm für diesen Zauber zwei rote Rosen und entferne die Dornen. Stell sie zusammen in eine hübsche Vase oder ein Glas und davor eine kleine Schale mit Wasser. Gib in das Wasser ein wenig von deinem Lieblingsparfüm oder ein paar Tropfen Lindenblütentee. Anschließend kommt noch ein Löffel Honig hinzu, du kannst auch gern eine pflanzliche Alternative wie Agavendicksaft, Dattelsirup oder Ähnliches verwenden.

Tropfe ein wenig von der Flüssigkeit auf die beiden Rosen und streiche dir auch etwas davon auf die Stirn, in den Nacken und auf die Gegend über dem Herzen. Bitte dabei um eine Partnerin oder einen Partner, der zu dir passt. Tue das in eigenen Worten, aber notiere dir ruhig die wichtigsten Eckpunkte vorher auf einen Zettel. Jeder Mensch hat seine eigenen Vorstellungen. Was für den einen entscheidend ist in einer Beziehung, ist für jemand anderen gar nicht so wichtig. Um nichts Bedeutsames zu vergessen, sind ein paar Notizen hilfreich.

Wenn alles ausgesprochen ist, kannst du mit deinem ganz normalen Alltag weitermachen. Sobald die Rosen nicht mehr ganz taufrisch sind, hänge sie kopfüber zum Trocknen auf und bewahre sie anschließend an einem ruhigen Ort auf, vielleicht in einer Schatulle oder Schublade.

Wenn die neue Beziehung in dein Leben gekommen ist, übergib die Rosen bei zunehmendem Mond einem Gewässer und bitte darum, dass weiterhin Gutes dazukommt für euch beide. Dieser Punkt ist wichtig, das Leben muss weitergehen und sich entwickeln, du willst ja keine Dauerbestellung für einen Partner aufgeben, schon gar nicht, wenn er bereits da ist.

Beliebt(er) werden bei anderen

In alten Zauberbüchern sieht man viele Anleitungen für Rituale mit dem Ziel, dass man »beliebt sey bei den leuthen«. Dieser Wunsch ist so alt wie die Menschheit. Auch wenn es heute schick ist zu beteuern, dass man nichts auf die Meinung anderer gibt (um dann genau zu schauen, wie sie darauf reagieren, was ein klein wenig widersprüchlich ist), haben wir alle das Bedürfnis, gemocht zu werden.

Menschen sind keine Einzelwesen, in unserer Entwicklung waren und sind wir auf Zusammenarbeit und gegenseitiges Verständnis angewiesen. Das steckt einfach in unserer DNA. Die einen mögen extrovertierter und andere etwas ruhiger sein, aber in irgendeiner Form schätzen wir den Austausch mit anderen. Da er so wichtig ist und jeder anders damit umgeht, stelle ich an dieser Stelle drei Rituale vor, denn jeder hat seine Bedürfnisse, aber niemand ist sein eigenes Klischee.

Introvertierte werden im Mainstream oft als scheu oder zurückgezogen dargestellt, das ist natürlich Unsinn. Ein introvertierter Mensch ist einfach nur ein Mensch, der zum Aufladen seiner Batterien lieber für sich ist, während eine extrovertierte Person am besten unter Leuten regeneriert. Das ist alles. Die meisten introvertierten Menschen wissen ein langes, intensives Gespräch mit großer Nähe sehr zu schätzen und sind da keineswegs schüchtern. Aber auch Extrovertierte müssen nicht ständig Party machen, um sich wohlzufühlen. Es gibt ruhige Extrovertierte und lebhafte Introvertierte, die meisten Menschen würden sich wohl irgendwo in diesem Mittelfeld verorten.

Man sollte sein Naturell respektieren und sich nicht verbiegen. Es gibt von jeder Sorte genügend Exemplare. Nachdem in Sachen Körperformen »body-positivity« wichtige Veränderungen eingeläutet hat, wird es auch Zeit für eine Art »mind-positivity«, die all unsere inneren Gestimmtheiten liebevoll umfasst.

Für Extrovertierte

Nimm bei zunehmendem Mond zwei gelbe und eine orangefarbene Kerze. Die eine gelbe Kerze steht für dich, die andere für die Menschen, bei denen du beliebt sein möchtest, und die orangefarbene Kerze ist die Kraft, die dich dabei unterstützt.

Bestreiche die beiden gelben Kerzen mit ätherischem Basilikumöl. Du kannst auch Basilikum fein mörsern und mit etwas Sonnenblumenöl vermischt benutzen, um die Kerzen zu salben. Stelle eine gelbe Kerze links und die andere gelbe Kerze rechts auf.

Als Vermittler kommt zwischen die beiden die orangefarbene Kerze. Sie wird mit ätherischem Minzöl bestrichen, auch hier kannst du alternativ auf fein gemörserte Minze in Sonnenblumenöl als Salböl zurückgreifen.

Entzünde die Kerzen und bitte deine geistigen Helfer in eigenen Worten darum, dass du bei den richtigen Menschen gut ankommst und sich dein soziales Leben gut weiterentwickelt.

Für Menschen in der Mitte

Für diesen traditionellen Zauber verwendest du rohe Erbsen, wobei du außerhalb der Saison natürlich auf tiefgekühlte Erbsen zurückgreifen kannst, sie sollten aber gut aufgetaut sein, bevor du beginnst. Lege sie, wenn möglich, am Vortag der Verwendung eine Weile in die Sonne, du willst ja keine »tiefgekühlten« Kontakte.

Fange kurz nach dem Neumond mit dem Zauber an, wenn die Energie langsam wieder in Schwung kommt. Gib in jeden Schuh eine Erbse, bevor du deinen Tag beginnst, und wirf sie am Abend weg. Am nächsten Tag beginnst du mit den nächsten beiden Erbsen und so geht das immer weiter bis zum Vollmond.

Die letzten beiden Erbsen nimmst du am Tag vor dem exakten Vollmond. Finde heraus, wann genau der Vollmond sein wird (mit einem Mondkalender oder im Internet). Nehmen wir an, er ist gegen 13 Uhr, dann bedeutet das, dass du am Tag vorher aufhörst, da du nicht über den Vollmond gehen willst. Ist der Mond beispielsweise erst gegen 21 Uhr auf dem Höhepunkt und du weißt, dass du deine Schuhe bereits vorher gegen 18 Uhr ausziehen wirst, kannst du diesen Tag noch mitnehmen.

Der Grund für diese alte Zauberregel ist einfach: Wenn man nicht »über den Vollmond geht« wächst die Energie noch, dann bleibt die Anziehungskraft in der Sache aktiv. Es ist also tatsächlich besser, schon einen Tag vor Vollmond aufzuhören, wenn man sonst »über den Mond gehen« würde. Dann nimmt der Sog der Energie nicht bereits wieder ab.

Tipp: Diesen alten Zauber mit rohen Erbsen können alle Typen unabhängig von ihrer Zielstellung auch bei wichtigen Gesprächen einsetzen. Verwende sie dann einfach am Tag des Gesprächs.

Für Introvertierte

Dieser Zauber ähnelt dem für Extrovertierte, er ist aber so verändert, dass man sich nicht verbiegen muss, sondern sein Naturell berücksichtigt. Das ist sehr wichtig, denn man wird niemals beliebt werden, wenn man sich verstellt. Die anderen spüren den Schwindel und jede Gruppe von Menschen braucht den einen und den anderen Typ, um zu funktionieren.

Ein Arbeitsteam, das nur aus ausgesprochen extrovertierten Menschen besteht, ist nicht halb so effektiv wie eines, in dem ruhige Macher für die nötige Subs-

tanz sorgen. Wir sind da im Grunde wieder beim eingangs erwähnten Yin-und-Yang-Thema. Es braucht immer beides, wenn eines fehlt, wird es zu ruhig oder die Sache läuft heiß.

Verfahre für diesen Zauber wie in der Beschreibung des Rituals für Extrovertierte. Die beiden Kerzen für dich und die anderen sollten hellblau sein und mit Lavendelöl gesalbt werden. Die mittlere Kerze der verbindenden Kraft sollte weiß oder in einem hellen Violett gehalten sein und wird ebenfalls mit Minzöl gesalbt.

Zauber, um die eigene Einstellung zu verändern

Wie man sein Leben betrachtet, so sieht es aus. Das hört sich banal an und ist trotzdem immens wichtig. Damit ist nicht gemeint, dass man sich alles schönreden soll. Es gibt eine fast schon brachiale Philosophie des positiven Denkens, nach dem Motto: Wenn du nicht reich, gesund und überall beliebt bist, denkst du einfach zu negativ.

Diese Philosophie geht am echten Leben mit seinen natürlichen Hochs und Tiefs vorbei. Schlimmer noch: Sie behauptet ganz nebenbei, dass ärmere, kranke oder emotional kantige Menschen nicht glücklich sein können, und das ist absurd. So viele reiche und beliebte Menschen nehmen Drogen oder sind abhängig von Medikamenten. Wie glücklich sind sie wohl? So viele Menschen sagen, dass sie durch Krankheiten glücklicher geworden sind, weil ihnen seitdem bewusst ist, was für sie im Leben wirklich zählt.

Manchmal können vermeintlich negative Emotionen wie Wut den Stein endlich ins Rollen bringen, wo allzu viel Harmoniestreben das Leid nur verlängert hätte.

Die folgende Geschichte haben manche vielleicht ganz ähnlich erlebt. Eine Frau hatte eine Suchtproblematik. Alle halfen ihr, bemitleideten sie, unterstützten sie, wo es nur ging – es war die pure Harmonie. Aber erst als eine andere Frau im Freundeskreis mit der Faust auf den Tisch gehauen und gesagt hat, dass sie sich nicht länger in diesen Strudel des Helfens und der Abstürze hineinziehen lässt, hat die Bekannte ihre Situation überdacht und eine Therapie begonnen.

Der folgende Zauber ist dafür gedacht, das eigene Bewusstsein, die Sicht auf die Dinge so zu verändern, dass gute Wege entstehen, die man gehen kann. Die Schlüsselblume ist dafür eine wunderbare Pflanze, sie öffnet im wahrsten Sinne des Wortes neue Wege. Verwende sie bitte getrocknet aus dem Kräuterhandel oder aus eigenem Anbau, da sie unter Naturschutz steht und nicht wild gesammelt werden darf.

Die eigene Einstellung wandeln

Nimm eine rote Kerze, einen Bergkristall und eine Handvoll getrocknete Schlüsselblumenblüten. Am besten führst du diesen Zauber an einem Sonntag bei zunehmendem Mond durch. Wenn du dir eine besonders starke Veränderung deiner Denkmuster wünschst, kannst du auch den Dienstag nehmen.

Sorge für eine ungestörte Atmosphäre, nimm die Kerze in die Hand und rolle sie in beiden Händen in den Schlüsselblumenblüten hin und her. Du massierst damit feine Hautpartikel von dir und feine Partikel der Schlüsselblume in die Oberfläche der Kerze hinein. Das muss nicht sichtbar sein, unter einem Mikroskop würde man aber erkennen, dass alles miteinander eine Verbindung eingegangen ist, und in der Magie zählt die Verbindung, nicht die Menge.

Stelle die Kerze dann hinter den Bergkristall und bette ihn auf die Blüten, mit denen du gerade die Kerze massiert hast. Entzünde sie und bitte um eine heilsame Veränderung deiner Denkmuster. Bitte darum, dass sich neue Wege auftun, und auch darum, dass du sie erkennen kannst (ein kleiner, aber wichtiger Zusatz).

Lass die Kerze dann in einem Zug herunterbrennen und trage den Bergkristall von da an bei dir.

Eine neue Liebe finden

Traditionell sind Birken die Bäume des Neuanfangs. Ich erinnere mich noch, dass bei uns in einem ursprünglich slawischen Dorf bei Familien mit frischgebackenen Konfirmanden kleine Birkenbäume mit bunten Bändern vors Haus gestellt wurden. Auch wenn es niemandem bewusst war, war das eine Vermischung von Heiden- und Christentum.

Bei manchen Ritualen steht das Timing nicht im Vordergrund, hier ist es aber ein paar Überlegungen wert. Man führt dieses Ritual nämlich am siebten Tag nach dem Neumond durch, es sollte aber kein Montag oder Samstag sein, in diesem Fall ist es besser abzuwarten, bis die Bedingungen zu einem späteren Zeitpunkt stimmig sind. Wenn zum Beispiel in zwei Monaten der siebte Tag nach Neumond auf einen Sonntag fällt, lohnt es sich, diese zwei Monate zu warten.

Für die besten Ergebnisse führe das Ritual zwischen Sonnenaufgang und Mittag durch, wenn das möglich ist. Das wird nicht immer der Fall sein und das Ritual kannst du auch später am Tag noch durchführen.

Nimm für diesen Zauber, wenn möglich, frische Birkenblätter. Alternativ kannst du getrocknete Birkenblätter als Tee kaufen und ein bis zwei Stunden in lauwarmem Wasser einweichen, aber frisch ist besser.

Für eine neue Liebe

Schreib deinen Namen in eine weiße Kerze. Hier verwenden wir weiß als Farbe der Unschuld und des Neubeginns, nicht die typischen Farben wie Rot oder Pink, an die man sonst bei einem Liebeszauber denken würde. Schreib für die andere Person die Initialen X.X. in die Kerze, denn noch kennst du ihren oder seinen Namen vermutlich nicht.

Reibe die Kerze dann gründlich mit den Birkenblättern ein, lass dir dafür Zeit, das muss nicht schnell gehen. Stelle sie anschließend windgeschützt ins Freie oder an ein geöffnetes Fenster und lasse sie in einem Zug herunterbrennen.

Einsamkeit überwinden

Oft werden Einsamkeit und Alleinsein gleichgesetzt, aber es sind zwei verschiedene Dinge. Man kann sich inmitten von Freunden und Familie einsam fühlen, und man kann äußerlich allein sein und es in vollen Zügen genießen.

Einsamkeit ist erst einmal ein inneres Gefühl, kein äußerer Zustand, auch wenn beides Hand in Hand gehen kann. Paradoxerweise nimmt die Einsamkeit zu, obwohl wir alle vernetzt sind und so viel kommunizieren wie selten zuvor in der Geschichte. Einsamkeit ist keine Kleinigkeit, in anderen Ländern nimmt man dieses Problem sehr ernst und erklärt es nicht zur Privatsache des Einzelnen. England hat 2018 ein eigenes Ministerium dafür ins Leben gerufen, weil Einsamkeit nicht nur ein Gefühl ist, sondern konkret mit körperlichen Beschwerden bis hin zu handfesten Erkrankungen einhergehen kann.

Wenn du dich innerlich wie ein Tropfen Öl in einer Schale Wasser fühlst, löst das eine Welle in deinem Körper aus, die sich auf unterschiedliche Weisen manifestieren kann. Höchste Zeit, etwas zu tun. Dieser Zauber hilft dabei, neue Impulse zu setzen und gute Bekanntschaften in dein Leben zu ziehen.

Traditionell wird der Magnetit verwendet, wenn man etwas in sein Leben ziehen möchte. In einer ganz einfachen Version dieses Rituals nimmst du einen Magnetit, schüttest ihm bei zunehmendem Mond dein Herz aus und bittest ihn, das anzuziehen, was deine Einsamkeit lindert und beendet. Wenn du der Typ für klare, einfache Rituale bist, dann mach es bitte genau so.

Jeder Mensch ist anders, die einen lieben üppige Rituale samt aufwendiger Suche nach ausgefallenen Zutaten.

Das gehört für sie dazu, so kommt für sie am besten ein stimmiger Energiefluss zustande. Für andere wäre das viel zu viel Ablenkung vom eigentlichen Ziel, und es ist gut möglich, dass man es selbst mal so und mal so empfindet, je nach Thema. Wenn du aufwendiger arbeiten möchtest, hier ein passendes Ritual. Der Lein, der dabei verwendet wird, ist eine alte Göttinnenpflanze. Aus Lein wurde auch Flachs hergestellt, und damit ist diese Pflanze mit den Weberinnen des Schicksals verbunden. Seine blauen Blüten erinnern zudem an die Göttin als Himmelskönigin. Hier sind wir bei Frigga, Frau Holle und all den anderen Göttinnen, die deinen Lebensfaden im großen Geflecht des Lebens in die richtige Richtung zupfen können.

Heraus aus der Einsamkeit

Nimm bei zunehmendem Mond frisches Basilikum, pulverisierte Alantwurzel (im Mörser fein gemahlen) und Leinöl, außerdem einen Magnetit. Wähle einen Tag, der noch mindestens drei Tage vom Vollmond entfernt ist, wenn möglich einen Freitag oder Sonntag.

Vermische das frische Basilikum, etwas von der pulverisierten Alantwurzel und das Leinöl zu einer dicken Paste. Das geht am besten im Mörser, aber wenn man keinen hat, kann man es auch einfach mit den Händen oder einem Löffel und einer Schüssel machen. Es ist wichtig, das Basilikum gut zu zerdrücken, damit viel Saft austritt.

Bedecke den Magnetit dann in einem kleinen Schälchen vollständig mit der Paste und lass ihn drei Tage lang so stehen. Reinige ihn danach und trage ihn bei dir.

On/Off und kein Ende: eine Beziehung sanft beenden (auch auf der energetischen Ebene)

Wir leben in modernen Zeiten, in denen Beziehungen viele Formen annehmen können, und das ist gut so. Früher taten sie das natürlich ganz genauso, aber damals musste alles versteckt werden, sonst drohte die soziale Ausgrenzung, vor allem den Frauen. Heute kann man auch endlich offen über die Herausforderungen reden, die zu Beziehungen gehören, und eine davon ist die On/Off-Beziehung.

Hat man für sich erkannt, dass eine Beziehung zu nichts mehr führt, egal, wie oft man sie erneut aufleben lässt, kann die endgültige und dauerhafte Trennung schwerer fallen als gedacht. Der erste Schritt ist dann, sich nicht selbst dafür zu verurteilen, denn das bringt nur zusätzlichen Druck in eine ohnehin schon schwierige Situation.

Das Ganze hat auch etwas mit der Intimität zu tun, Sexualität kann ein mächtiges Band zwischen zwei Menschen knüpfen, selbst wenn sie das gar nicht so wollten. Ich meine das nicht moralisch, da kommt ja schnell der erhobene Zeigefinger, auch in spirituellen Kreisen. Nein, es kann einfach energetisch tiefer gehen, als man geplant hatte, und dann ist es sehr schwer, wieder loszukommen.

Viele On/Off-Beziehungen kommen auch deshalb nicht zur Ruhe, weil man noch »Schulden eintreiben« will. Manchmal gibt in einer lockeren Beziehung eine Seite sehr viel, und das verhindert eine klare Trennung. Man will unterschwellig zurückhaben, was man während der Beziehung gegeben hat, und ist nicht bereit, es abzuschreiben und endlich loszulassen. Manchmal reicht bereits das Bewusstsein über diese Tatsache, um zu einem guten Ende zu finden.

Wenn es etwas mehr Unterstützung braucht, nimm Schafgarbe und verräuchere sie immer dann, wenn es gerade besonders schwer ist. Du kannst auch frische Schafgarbe pflücken und bei dir tragen, sie wächst fast überall. Mach die Schafgarbe zu deiner Verbündeten, du kannst auch immer mal den Tee trinken. Die Schafgarbe wurde früher poetisch die »Augenbraue der Venus« genannt. Sie versteht etwas von der Liebe, aber auch vom Grenzensetzen.

Es geht hier nicht um feste magische Termine oder Mondstände. Diese Arbeit kannst du immer dann machen, wenn sie benötigt wird. Vielleicht brauchst du die Schafgarbe in einer Woche sieben Tage und zu einem anderen Zeitpunkt nur einmal in zwei Monaten, wenn sich gerade ein emotionaler Rückfall abzeichnet. Dieses kleine Räucherritual kannst du also ganz nach individuellem Bedarf durchführen.

Den Schmerz nach einem Beziehungsende lindern

Das Ende einer Beziehung ist wie eine Schwelle, die man überschreitet. Das hört sich erst einmal einfach an, aber damit ist nicht gesagt, wie lang so eine Schwelle sein kann. Die Gefühle müssen und sollen ihren Raum haben, auch wenn sie nicht angenehm sind. Meine Oma hatte immer diesen einfachen und doch so tröstlichen Spruch: Das gehört zum Leben dazu.

Wenn man Schmerz akzeptiert als etwas, das so unvermeidlich ist wie Atmen, Essen oder Schlafen, kommt man leichter mit ihm ins Reine. Wenn Schmerz nicht mehr der Feind ist, nimmt es ihm die Spitze. Er tut immer noch weh, aber es ist nicht mehr so vernichtend. Es ist nichts falsch daran. Er gehört – in den Worten meiner Oma – zum Leben dazu.

Wenn du ihn etwas lindern möchtest, suche dir einen Holunderbusch, das kann in einem Park sein oder in der freien Natur, sie wachsen manchmal an den ungewöhnlichsten Stellen. Der Holunder ist ein klassischer Schwellenbaum, er ist mit Frau Holle und dem Feenvolk verbunden und steckt voller Magie. Es ist ein Baum beziehungsweise Strauch, den man trotz seiner Schlichtheit respektieren sollte.

Für diesen Zauber brauchst du eine Tüte Bonbons, die du immer bei dir hast. Nimm eine Sorte, die du magst (falls du bei akutem Liebeskummer zum Süßzahn wirst, kann es auch eine Sorte sein, die du nicht magst, um dich nicht ständig in Versuchung zu führen). Außerdem wird eine hübsche kleine Schale benötigt, die du nur für diese magische Arbeit verwendest.

Liebesaus-Schmerzen lindern

Wann immer die Gefühle ganz besonders schmerzhaft werden, nimm einen Bonbon und leg ihn in die Schale. Falls du gerade unterwegs bist, nimm einen Bonbon, steck ihn in eine Seitentasche und leg die Bonbons aus dieser Tasche abends in die Schale. Manchmal kann es heftig sein. Es ist okay, wenn du in schwierigen Phasen alle Viertelstunde einen Bonbon beiseitelegst. Stell nur sicher, dass noch genügend Nachschub da ist.

Wenn du Zeit und Ruhe hast, geh mit den gesammelten Bonbons zum Holunderbusch. Pack sie aus und leg sie unverpackt unter den Busch. Bitte dabei die Holle darum, deinem Leben mehr Süße zu geben. Du kannst die Bonbons auch vergraben, wenn du keine Spuren hinterlassen möchtest.

Mit der Zeit (manchmal auch sehr plötzlich) wird es besser werden, und deine Besuche beim Holunder nehmen ab. Irgendwann merkst du, dass es gut ist und du dieses Ritual nicht mehr brauchst. Geh dann noch einmal zum Holunder und danke ihm für die Unterstützung. Du kannst eine besonders schöne Glasperle in seine Zweige hängen, du kannst etwas Hübsches aus Wolle oder Filz für ihn machen, bestimmt kommen dir auch eigene Ideen.

»Ständig streiten wir über dasselbe«

Die meisten Paare sind nicht sehr kreativ, wenn es ums Streiten geht. Sie streiten sich im Großen und Ganzen immer wieder über dieselben Themen. Manchmal sind die Themen nicht einmal so wichtig. So kennen viele den Übergangsstreit ins Wochenende. Pünktlich am Freitagabend und ganz besonders am Samstagvormittag kracht es. Oft hat das eher energetische Gründe: Beide fahren am Wochenende nach der stressigen Arbeitswoche innerlich runter – nur leider im Schnellverfahren in Form eines Gewitters, anstatt die innere Spannung langsam zu lösen.

Humor ist eine große Hilfe, wenn es darum geht, Spannungen sanfter zu entschärfen und gute Lösungen für beide zu finden. Einen Einstieg in diesen Prozess kann das folgende Ritual geben. Es wird am besten bei abnehmendem Mond kurz vor Neumond durchgeführt. Wenn es gerade akut ist, kann man es aber auch zu einem anderen Zeitpunkt machen.

Für Paare, die Negatives aufbrechen wollen

Beschriftet einen Holzblock mit euren Problemen, es ist wichtig, dass beide darauf schreiben, es sollte also nicht einer den Schriftführer machen. Die Energien beider Personen müssen durch die Schrift abgebildet sein.

Danach nehmt ihr eine Axt und zerhackt den Holzblock abwechselnd. Die Einzelteile könnt ihr verfeuern oder in ein fließendes Gewässer werfen.

Wer in der Stadt wohnt und das Laminat nicht mit einem danebengegangenen Axthieb ruinieren möchte, kann für dieses Ritual in den Wald fahren oder eine andere Variante wählen: Arbeitet dann einfach mit einer stabilen Pappe, die Stück für Stück zerrissen wird und danach ebenfalls verbrannt oder einem fließenden Gewässer übergeben wird.

Lasst euch nicht von der Einfachheit dieses Rituals täuschen, die Energie entsteht im Tun. Viele einfache Rituale lesen sich unspektakulär, aber wenn man sie wirklich durchführt, entsteht dabei eine Dynamik, die neue, gute Energien ins eigene Leben ruft.

Nach einem Streit die Spannungen in der Wohnung lösen

Wenn es Streitigkeiten gab, hängt deren Energie meist noch eine Weile für alle fühlbar in der Wohnung. Das ist unangenehm, und vermutlich gibt es ohnehin den Wunsch der Beteiligten, man hätte es anders gelöst und die Emotionen wären gar nicht erst so hochgekocht. Man ist etwas bedröppelt, rückblickend schämt man sich – das hätte man doch auch vernünftig lösen können. Es geht hier also nicht nur um das Auflösen der Spannung, sondern auch um ein Ritual der Versöhnung.

Spannungen lösen

Nehmt für alle Personen, die in der Wohnung wohnen, je eine weiße Kerze (Teelichte gehen auch) und stellt sie zusammen auf einen Teller auf den Esstisch. Im Idealfall entzündet jeder seine Kerze selbst, für Kinder oder Menschen, die gerade nicht anwesend sind, kann man die Kerze auch stellvertretend entzünden.

Nehmt dann etwas getrocknete Königskerze. Sie ist als sogenannte Wetterkerze berühmt dafür, Spannungen abzubauen und Gewitter zu vertreiben – auch emotionale Gewitter. Die Königskerze ist eine Art pflanzlicher Blitzableiter.

Verwendet die Königskerze als Räucherwerk, tragt es rauchend entgegen dem Uhrzeigersinn durch jeden Raum, beginnend an der Eingangstür. Dabei sollte jeder das Räucherwerk einmal tragen (bei kleineren Kindern natürlich stellvertretend ältere Personen). Lüftet danach die Wohnung kräftig durch und lasst die Kerzen herunterbrennen. Das kann auch in Etappen geschehen, und sie dürfen bei neugierigen Katzen und ähnlichen Mitbewohnern anschließend natürlich auch an einen anderen, sichereren Ort gestellt werden als auf den Küchentisch.

Gute Energien für Familien

Rund um das Familienleben gibt es jede Menge Ideale – und dann gibt es das echte Leben, das oft so völlig anders aussieht. Dieses Ritual ist kein Zauber im Sinne von: Ich zünde Kerzen an, sende die Energie, und etwas kommt zu mir zurück als Antwort darauf. Mit diesem Ritual erschafft ihr einen emotionalen und spirituellen Raum für euch alle.

Nehmt dafür eine flache Schale, einen flachen Korb oder ein Tablett. Es wird zu eurem symbolischen Raum. Jedes Familienmitglied gibt nun einen Stein für sich selbst hinein. Das können gefundene Steine von einem Spaziergang sein oder Edelsteine in Farben, die man gern mag. Es kann auch ein Stückchen Holz, eine Feder, ein Spielzeug oder ein Schmuckstück sein, ihr seid da völlig frei. Wichtig ist nur: Es braucht für jeden ein Symbol, und die Person muss es mögen. Außerdem sollten sie annähernd gleich groß sein, und bei kleineren Kindern muss das

Ganze natürlich frei von verschluckbaren Gegenständen sein, das versteht sich von selbst.

Das ist die Basis, und nun beginnt das Spiel. Ich sage bewusst Spiel, weil solche Rituale schnell zu ernst geraten. Eure magische Schale ist ein freier Raum für euch alle. Es darf Humor geben, es darf Spannungen geben, alles darf sein. Mit frei meine ich auch frei von psychologischen oder spirituellen Bewertungen. Es geht um Ehrlichkeit und das freie Fließen von Energie und Kreativität. Nun das Spiel:

Für gute Energien

Findet Symbole für eure Themen, vielleicht eine auf Pappe gemalte Sonne oder eine Regenwolke. Hat jemand eine schwierige Phase, kann er ein graues Stoffstückchen über seinen Stein legen, das die drückenden Wolken am Horizont symbolisiert. Ist jemand voller Energie und Tatendrang, kann das eine orangefarbene Perle neben dem eigenen Stein symbolisieren. Eure Steine oder Symbole können näher zusammen liegen oder weiter weg, je nachdem, wie es gerade ist.

Im hektischen Familienalltag wird man an einigen Tagen keine Zeit haben, sich darum zu kümmern. Vielleicht lässt sich einrichten, dass man am Sonntag, dem traditionellen Tag der Sonne, des Wohlbefindens und der Lebensfreude, darauf zurückkommt und gemeinsam schaut, wer gerade wo steht und wen was bewegt. Aber denkt bitte daran: Das ist keine Psychologie. Habt Freude daran, es geht nicht darum zu grübeln, zu bewerten oder jemanden zu beeinflussen. Familienmitglieder, die nicht mitmachen möchten, sollten nicht dazu überredet werden. Über alledem soll ein Geist der Leichtigkeit und des Miteinanders schweben.

Wenn es gerade nicht so einfach ist und alle damit einverstanden sind, kann man mit so einer Familienschale auch heilsam arbeiten. Verwendet dafür die gute, alte Kamille, die große Heilerin in unseren Breiten. Sie ist nicht nur für diverse körperliche Beschwerden hilfreich, sie heilt auch Emotionen und gibt auf der spirituellen Ebene Klarheit und gute Energie.

Ihr könnt gemeinsam Kamillenblüten in die Schale streuen, die dort eine Weile liegen bleiben, oder mit Kamillenblüten räuchern. Wer nicht räuchern mag, kann einen starken Kamillentee aufbrühen und den aufsteigenden Dampf über die Familienschale fächeln. Auch als Familie muss man nicht alle Lösungen selbst finden und darf sich von »denen da oben« helfen lassen. Man muss sie aber bitten, ungefragt mischen sie sich nicht ein in unser Leben.

Familien-Harmonie-Zauber

Ja, diese wunderbaren Familien in der Werbung. Ein charmanter Hauch von Chaos hier und da, aber dank Mutter, Vater und dem beworbenen Produkt sind alle rundum happy. Im echten Leben sieht das deutlich differenzierter aus. Familien bestehen nicht unbedingt aus Mutter, Vater und Kindern. Manchmal ziehen Großeltern und die Mutter die Kinder groß, es gibt alleinerziehende Väter,

Regenbogenfamilien und die unterschiedlichsten Patchwork-Konstellationen.

Egal, in welcher Form man Familie lebt, Spannungen lassen sich dabei nicht vermeiden. Konstruktiv genutzt können sie zum Motor wichtiger Veränderungen und Anpassungen an das werden, was die Mitglieder bewegt. Dazu muss man aber erst einmal an den Punkt kommen, wo inmitten von Spannung und Kontra der neue Weg entspringt, den man gemeinsam gehen kann.

Es geht in diesem Harmoniezauber also nicht darum, Unterschiede glattzubügeln und Spannungen unter einer erdrückenden Decke aus gespielter Harmonie zu halten. Es geht darum, sie aufzunehmen und aus ihrer Energie etwas Gutes zu machen.

Die Ringelblume ist eine alte Liebeszauberpflanze und auch eine Pflanze der Übergänge. Diese Mischung macht sie zur idealen Pflanze für Familienthemen.

Für Harmonie

Wenn es bei euch gerade hoch hergeht und du den Weg zu guten Lösungen öffnen möchtest, verwende eine Kerze, die aus Bienenwachs-Waben gerollt ist. Rolle sie ein wenig auf und schiebe kleine Ringelblumenblüten-Stücke und Blütenblätter unter das Wachs.

Rolle sie dann wieder zusammen und stelle sie auf einen ausreichend großen Untersetzer, durch die Kräuter wird sie nicht ganz gleichmäßig abbrennen. Entzünde die Kerze und bitte darum, dass sich gute Wege für euch finden, die aktuellen Spannungen zu lösen und in etwas Positives zu verwandeln. Lass sie in einem Zug oder in insgesamt drei oder sieben Etappen herunterbrennen.

Bleib bei diesem Zauber immer am Aktuellen dran. Versuche nicht, alle Themen unterzubringen, die es so gibt, sonst streust du die Energie zu weit und sie kann nicht mehr zielgerichtet wirken. Nimm dir das vor, was gerade so richtig querliegt. Alles andere kannst du mit einem späteren Zauber bedenken, wenn es als Thema wieder aktuell wird. Und was auch sehr wichtig ist: Diktiere keine Lösungen. Die Lösungen finden »die da oben«. Wir Menschen haben eine begrenzte Sichtweise, ganz besonders dann, wenn wir meinen, die einzig wahre Lösung zu kennen. Bleib offen, beschreibe die Ausgangslage, und bitte um den Einstieg in eine Lösung, die für alle zum Besten ist.

Gute Freunde finden

In einer Befragung unter Menschen, die für ihre internationale Firma in Deutschland arbeiten, stach ein Punkt besonders heraus. Die Befragten, die aus den unterschiedlichsten Ländern kamen, erwähnten, dass es hierzulande schwer sei, neue Freunde zu finden. Der einhellige Tenor war: Um die dreißig herum schließt sich diese Tür und man hat die Freunde, die man eben hat oder auch nicht hat. Es ist bei uns also ab einem gewissen Alter schwerer als in anderen Ländern, wirklich tiefgehende Freundschaften zu schließen, es bleiben dann eher lockere Bekanntschaften.

Dieses Problem haben nicht nur Menschen aus anderen Ländern, sondern auch wir selbst. Die Leute aus der Generation meiner Eltern haben oft ihr ganzes Leben lang am selben Ort gewohnt. Sie haben jetzt im Rentenalter teilweise noch Freude aus dem Kindergarten. Bei uns ist das deutlich unübersichtlicher, schon beim Übertritt von der Kita zum Kindergarten, dann weiter in der Schule und spätestens zu Beginn des beruflichen Weges werden Freundschaften auseinandergerissen und die Karten neu gemischt. Auch die Arbeitswelt ist nicht mehr wie damals ein Ort, an dem man ziemlich zuverlässig neue Freunde findet.

Trotzdem sollte man den Kopf nicht in den Sand stecken. Wenn zwei Menschen ähnlich ticken, wird es automatisch klick zwischen ihnen machen, und sie können den Weg in Richtung Freundschaft gehen. Es ist also wichtig, solchen Menschen über den Weg zu laufen, und da setzt der folgende Zauber an.

Du benötigst dafür drei Symbole für dich selbst, das kann zum Beispiel ein Kettenanhänger sein, dazu ein Stein, den du magst, und ein paar Kaffeebohnen, wenn du leidenschaftlich gern Kaffee trinkst. Es muss nichts Magisches oder Mystisches sein, es sollten wirklich Dinge sein, die du gern magst. Frei aus dem Bauch heraus, ohne magische oder psychologische Tiefeninterpretation. Wenn zum Beispiel Urlaub in einer bestimmten Gegend dein großes Glück ist, dann nimm eine Postkarte oder ein Foto von dort. Wenn du verrückt nach Katzen bist, ist eine kleine Plüschkatze denkbar. Lass dein Herz sprechen, es sind Dinge, die dir von selbst ein Lächeln auf die Lippen zaubern, wenn du sie anschaust.

Außerdem brauchst du eine große gelbe Kerze und Klee. Den findet man das ganze Jahr über, im Winter sogar unter dem Schnee. Der Klee – auch der dreiblättrige – ist eine alte Glückspflanze und zieht Freude, glückliche Wendungen und unverhoffte Zufälle in unser Leben.

Für neue Freunde

Befestige einige frische Kleeblätter mit etwas heißem Wachs auf der Kerze und stell sie auf einen sicheren Untersetzer. Leg oder stell die drei Gegenstände davor und entzünde die Kerze. Bitte dann um gute Freundschaften mit Menschen, die zu dir passen und mit denen es diesen verbindenden inneren Funken gibt. Lass die Kerze brennen, bis du sie nicht mehr beaufsichtigen kannst, und lösche sie dann. Du kannst sie jederzeit wieder anmachen, wenn du diesen inneren Wunsch nach Freundschaft spürst.

Alte Freundschaften neu beleben

Es gibt die unterschiedlichsten Gründe, warum man Freunde aus den Augen verliert. Manchmal sind es unausgesprochene Dinge, die in der Luft hängen. Meist ist es einfach der hektische Alltag mit seinen zahlreichen Anforderungen. Oft versetzt man die Menschen am häufigsten, die man am liebsten mag, weil sie Verständnis dafür haben, und trifft sich stattdessen mit Leuten, die mehr Druck machen oder wo es unumgänglich ist.

Hier kann das gute alte Vergissmeinnicht helfen. Es mag sich ein wenig kitschig anhören, aber diese Pflanze kennt jeder seit Kindertagen und weiß, dass ihre blaue

Farbe für die Treue steht. Solche langjährigen Prägungen sind ideale Voraussetzungen für die Magie, weil man nicht erst noch innere Verbindungen schaffen muss, sie sind schon da.

Zum Beleben alter Bande

Nimm für diesen Zauber zwei hellblaue Kerzen und ein Sträußchen Vergissmeinnicht. Die Kerzen stehen für euch beide – dich und den verlorenen Freund oder die Freundin. Stell sie links und rechts neben dem Sträußchen auf und entzünde sie. Bitte darum, dass eure Freundschaft neu belebt wird, auf eine Weise, die für euch beide gut ist.

Lass die Kerzen möglichst in einem Zug herunterbrennen, ansonsten sind auch insgesamt drei Etappen denkbar. Wenn der Zauber abgeschlossen ist, geh auf die andere Person zu, melde dich bei ihr. Mit der guten Energie des Rituals im Rücken wirst du das Bestmögliche zwischen euch beiden erreichen.

Die Formulierung »auf eine Weise, die für euch beide gut ist« ist wichtig, denn man soll mit einem Zauber nicht über den Kopf von anderen hinweg arbeiten. Wenn es nicht sein soll, wenn es für die andere Seite nicht stimmig ist, dann muss der Zauber genug Luft haben, diese Möglichkeit mit zu umfassen. Betrachte ihn als eine Art Anfrage nach »oben«. Du machst dich bemerkbar und bittest um Unterstützung.

Zauber für Beruf und Finanzielles

Zu unserem Berufsleben gehört eine ganze Menge: Es geht dabei ja nicht nur um die Arbeit an sich, sondern auch das Miteinander in der Firma oder mit den Kunden, um Leistungsbereitschaft und Können, um die Weiterentwicklung der eigenen Fähigkeiten. Und natürlich um Geld, Anerkennung … und vielleicht sogar um das Gefühl, einer Berufung zu folgen. Bei all dem kann die heimische Magie behilflich sein.

Für das Vorstellungsgespräch

Wenn du zu einem Vorstellungsgespräch gehst, nimm einen frischen Zweig Rosmarin mit und trage ihn unter der Kleidung mit direktem Hautkontakt. Es muss kein großer Zweig sein. Frischen Rosmarin bekommt man ganzjährig als Gewürzpflanze in vielen Supermärkten. Er sollte in diesem Fall wirklich frisch sein und nicht getrocknet.

Rosmarin ist seit Jahrhunderten berühmt dafür, dass er das Denkvermögen stimuliert. Gleichzeitig ist er eine Pflanze der Schwelle, früher begleitete Rosmarin viele wichtige Schwellenmomente im Leben, wie Geburten, Hochzeiten oder Begräbnisse. Ein Bewerbungsgespräch ist ebenfalls ein Schwellenmoment. Eine Tür kann sich öffnen, oder sie kann verschlossen bleiben, es ist noch nichts entschieden. Daher ist der Rosmarin der ideale Begleiter für diese Situation.

Er hält uns wach, ohne aufzuputschen, und sorgt als schützende Elfenpflanze dafür, dass uns sinngemäß eine gute Fee auf der Schulter sitzt, während wir im Gespräch sind.

Sollte die Firma nicht die richtige für dich sein (immerhin stellt sich die Firma auch bei dir vor in so einem Gespräch), wirf den Zweig noch auf dem Rückweg nach dem Gespräch hinter dich und geh deiner Wege. Wenn du den Job haben möchtest, behalte den Rosmarinzweig noch so lange, bis du von der Firma hörst.

Eine neue Stelle

Wenn man eine neue Stelle antritt, sind die ersten Tage immer ungewohnt und man ist ein wenig unsicher. Da sind viele neue Gesichter, unbekannte Abläufe und ungeschriebene Regeln, man muss sich eben erst einmal einarbeiten.

Im vorhergehenden Zauber hatten wir den Rosmarin, jetzt kommt der ebenso bewährte Lavendel zum Einsatz.

Guter Start im neuen Job

Du brauchst ein blaues Stück Stoff, getrocknete Lavendelblüten, einen blauen Chalzedon oder einen Bergkristall und ein wenig Zucker. Mach auf dem blauen Stoff ein Bettchen aus Lavendelblüten und leg den Stein hinein. Bestreue ihn mit ein wenig Zucker, um den Neuanfang zu versüßen, und sprich aus, was dich bewegt und was du erreichen möchtest.

Verschnüre den blauen Stoff dann zu einem kleinen Päckchen und trage es in den ersten beiden Wochen bei dir – oder so lange, wie du das Gefühl hast, dass es hilfreich ist. Wenn die erste Zeit geschafft ist, öffne das Säckchen und verstreue die Zutaten im Wind. Behalte aber den Stein und lege ihn (wenn das möglich ist) an einen Ort auf der Arbeit, vielleicht in deine Schreibtischschublade oder deinen Spind. Ist das nicht möglich oder möchtest du ihn lieber direkt bei dir haben, behalte ihn einfach in deiner Tasche.

Wie in allen Zaubern sind auch hier deine Worte wichtig. Wähle für jede Magie deine eigenen Worte. Nur du selbst fühlst es genau so, wie es für dich ist. Daher ist es wichtig, authentisch zu sein. Es ist aber auch wichtig, nicht auszuufern. Du willst die Energie beisammenhalten, damit sie zielgerichtet arbeiten kann. Daher fasst du am besten die wichtigsten Punkte zusammen. Das, was dir wirklich am Herzen liegt und zentral für dich ist. Du musst nicht jede Eventualität abdecken.

Manche neigen dazu, eine lange Litanei aufzusagen, in der jede nur mögliche Situation aufgezählt wird. Doch dabei fühlt man es schon: Während man redet und redet, nimmt die Energie ab, man spürt, dass man sich verzettelt. Wenn du unsicher bist, mach dir Stichpunkte. Es ist völlig in Ordnung, kurz auf eine Liste zu schauen, um kompakt und gezielt zum Ausdruck zu bringen, was du anstrebst.

Schwierige Kollegen

Es gibt immer diesen einen Kollegen oder diese eine Kollegin, nicht wahr? Mit den anderen würde man schon zurechtkommen, aber diese eine Person …

In esoterischen Kreisen wird oft erklärt, dass einem diese Person ungeliebte eigene Eigenschaften widerspiegelt und man deshalb so emotional auf sie reagiert. Manchmal sollen es auch unbewusste Wünsche sein, man wäre also schlichtweg neidisch auf die Person, die man negativ wahrnimmt. Das ist natürlich möglich, weshalb man sein Herz prüfen und in einem ruhigen Moment tief in sich hineinhorchen sollte. Ruhig mehrmals.

Aber was, wenn da nichts kommt? Was ist, wenn der Kollege tatsächlich unverschämt ist, die Kollegin Lügen über uns verbreitet? An diesem Punkt lassen uns die esoterischen Theorien im Regen stehen, die Magie aber nicht.

Für diesen Zauber brauchst du einen Bergkristall und einen schwarzen Stein deiner Wahl, es kann auch ein gefundener Stein sein. Sie sollten etwa gleich groß sein und stehen für Licht und Schatten im Leben, die harmonisiert werden. Das ist ein wichtiges Detail: Keine Situation kann nur voller Licht sein, schon gar nicht für immer. Umgekehrt kann aber auch keine Situation nur voller Schatten sein, jedenfalls nicht dauerhaft.

Für Harmonie mit schwierigen Kollegen

Nimm diese beiden Steine und dazu einen kleinen Zweig Salbei. Leg alles in eine Schublade in deinem Schreibtisch, in den Spind oder an einen anderen geeigneten Ort auf der Arbeit. Du kannst sie auch in ein Säckchen tun. Sprich (im Geiste) mit diesen drei Helfern, bitte sie, die Situation zu bereinigen. Du kannst jederzeit geistig Kontakt zu ihnen aufnehmen, auch wenn du gerade an einem anderen Ort bist.

Erwarte nicht, dass die betreffende Person dein bester Freund wird. Es geht hier um den Ausgleich der Polaritäten, weg von den Extremen, hin zur Mitte. Das kann bedeuten, dass man nach einer Weile zufrieden feststellt: Es ist wirklich besser geworden. Ihr müsst nicht beste Freunde werden, es reicht bereits, wenn sich die Beziehung wieder auf einer professionellen Ebene befindet und die negative Energie wegfällt, die vorher so viel Kraft gekostet hat.

Den Finanzfluss ankurbeln

Auch wenn man es nicht glauben mag, sind angeblich todsichere Lottozauber immer noch gefragt. Hin und wieder landet auch bei mir die Anfrage: Machst du auch

Lottozauber? Nein, mache ich nicht. An sich sind die ganzen kleinen Zaubereien rund um magisch präparierte Lottoscheine und das Auspendeln der Glückszahlen eine charmante Sache. Wenn man sie mit einem Augenzwinkern macht und nicht bierernst nimmt. Schaden wird es sicher nicht.

Wenn du diesen Zauber liest, wirst du dich aber für etwas anderes interessieren: Deine Situation ist gerade nicht einfach, es stockt auf der finanziellen Ebene. Kein Lottogewinn ist gefragt, sondern das bewusste Öffnen guter Wege, damit es weitergeht und sich die Dinge zum Besseren wenden können. Da kann die Magie tatsächlich helfen.

Für diesen Zauber brauchst du zwei Eichenblätter und einen kleinen Eichenzweig. Die Eiche ist ein echter Kraftbaum, wenn es darum geht, Probleme geradlinig in Angriff zu nehmen und Lösungen zu finden. Nicht ohne Grund ist sie der Baum der Donnergötter, die zupackend und tatkräftig Negatives aus dem Weg räumen (siehe Kapitel »Lebendige Beziehungen zu den Göttern«).

Für einen gesunden Geldfluss

Schreib mit einem goldenen Stift auf eines der beiden Eichenblätter deine Ziele. Das sollte kurz, prägnant und in der Jetzt-Form geschehen. Also nicht »Ich möchte mehr Geld verdienen«, sondern »Ich verdiene mehr Geld«. Auch hier gilt wieder: Lieber keine ausschweifenden Texte, die jede Eventualität abdecken. Klare und präzise Sätze helfen der Energie, ihr Ziel zu finden.

Das beschriftete Blatt wird dein Segel, das andere Blatt wird zum Boot und mit dem kleinen Eichenzweig befestigst du das Segel auf dem Boot. Das muss nicht perfekt aussehen, die Intention ist entscheidend. Wenn du magst, kannst du Bienenwachs von einer Kerze getropft als Klebstoff verwenden, um der Sache mehr Halt zu geben.

Geh mit deinem kleinen Eichenboot an ein fließendes Gewässer und übergib es dem Wasser. Dreh dich danach um und geh weiter, ohne dich noch einmal umzusehen.

Mehr Umsatz im Business

Wer selbstständig ist und sich mehr Umsatz für sein Unternehmen wünscht, braucht vor allem eines: gute Gedanken und Inspirationen, was man besser machen kann, und genau darauf zielt dieser Zauber ab.

Er hat zwei Stufen, die erste ist die Reinigung, im zweiten Teil zieht man das an, was man sich wünscht. Im Idealfall stimmst du das mit den Mondphasen ab, den ersten Teil machst du bei abnehmendem Mond, möglichst nahe am Neumond, und den zweiten Teil bei zunehmendem Mond, möglichst nahe am Vollmond.

Im ersten Teil reinigst du mit Salz. Das hört sich einfach an und ist es auch. Salz wird überall auf der Welt zur spirituellen Tiefenreinigung verwendet, und auch unsere Vorfahren haben es zu diesem Zweck benutzt. Es ist einfach und effektiv, genau das Richtige für Menschen, die viel um die Ohren haben und trotzdem wirkungsvolle Magie wirken wollen.

Für mehr Umsatz

Gib an dem Ort, an dem du arbeitest, Salz in die Ecken des Raumes, und zwar entgegen dem Uhrzeigersinn, beginnend an der Eingangstür. Du lässt das Salz liegen. Am Abend dieses Tages bade in Salzwasser, dafür gibst du eine Tasse voll Salz auf eine Badewanne, ohne weitere Badezusätze. Am nächsten Tag fegst du das Salz in deinem Arbeitsraum wieder zusammen und trägst es vor die Tür, zum Beispiel in eine Mülltonne. Es muss direkt rausgeschafft werden, also nicht erst in einen Mülleimer werfen und später raustragen. Damit ist die Grundreinigung geschafft.

In der aufbauenden Phase machst du ein kleines Nestchen aus Johanniskraut und Angelikawurzel. Das kannst du in einer Schale oder einem Körbchen machen. Polstere es mit beiden Kräutern, zu gleichen Teilen gemischt, aus und gib sieben Haselnüsse hinein. Sie sollten noch in der Schale stecken, also keine geschälten Haselnüsse. Wie alle Nüsse stehen auch sie für Fruchtbarkeit, zukünftige Möglichkeiten, Glück und Wohlstand.

Das Nestchen kannst du ab dem Neumond fertig machen und in deinem Arbeitsraum stehen lassen. An einem Tag kurz vor Vollmond räuchere deinen Arbeitsraum mit etwa einem Teelöffel der Angelika-Johanniskraut-Mischung aus (je nach Größe auch etwas mehr) und gib die Haselnüsse und die restliche Kräutermischung auf ein weißes Tuch aus natürlichen Fasern.

Knote es zu einem kleinen Päckchen zusammen und vergrabe es unter einer starken Eiche. Bitte die Eiche um Erfolg und gute Umsätze. Bring ihr auch noch etwas mit. Man sagt, kleine Geschenke erhalten die Freundschaft, und das gilt auch auf der spirituellen Ebene. Ideal wäre ein kleiner hübscher Stein, er kann gefunden oder ein Heilstein sein. Da es hier um finanzielle Dinge geht, ist er im Idealfall goldfarben oder grün.

Neue Wege finden, wenn man nicht weiterweiß

Egal, ob selbstständig oder angestellt, egal, ob gerade ein neuer Job angetreten wurde oder man eine andere Perspektive für die bestehende Arbeit braucht: Manchmal benötigt man möglichst schnell eine Veränderung. Man weiß noch nicht, wie, aber *dass* etwas passieren muss, ist sonnenklar.

Das sind diese typischen Momente, in denen man nicht genau weiß, was man will, aber ganz klar, was man *nicht* will. Man braucht also Klarheit und einen Weg. Hier können zwei alte Freunde aus der heimischen Magie weiterhelfen: der Karneol und die Schlüsselblume. Wie alle rötlichen Steine ist der Karneol ein Schutzstein, aber einer von der aktiven Sorte. Während schwarze Steine eher passiv und abschirmend wirken, bringen rote Steine die Dinge in Bewegung.

Du kannst natürlich auch einen gefundenen roten Stein verwenden, das ist auch eine sehr schöne Möglichkeit. Nimm dazu noch etwas orangefarbenen Stoff, und es kann losgehen, am besten an einem Dienstag bei zunehmendem Mond.

Für neue Wege

Leg die Schlüsselblumen auf den Stoff und darauf den Karneol oder den gefundenen roten Stein. Bitte dann deine innere Führung um Hilfe, bitte sie darum, dass sie dir die Wege zeigt, die jetzt wichtig für dich sind, und wie du sie gehen kannst. Bitte darum, dass dir all das auf eine Weise gezeigt wird, die du verstehst. Knote das Tuch dann zusammen und trage das kleine Päckchen während der Arbeit direkt am Körper.

Eine Glückssträhne verlängern

Nun haben wir nur über berufliche Herausforderungen geredet – aber was ist eigentlich, wenn es gerade richtig gut läuft und man diese Phase möglichst weit verlängern möchte? Negatives zu bekämpfen ist das eine, doch Gutes zu unterstützen, ist natürlich auch ein Weg.

Hier kann die gute alte Knotenmagie helfen. Sie lässt sich bis in die Antike zurückverfolgen. Das Wissen, dass man Energie einbinden kann, war so präsent, dass man bis in die Neuzeit hinein empfahl, bei einer anstehenden Geburt alle Knoten im Haus zu lösen, damit sie möglichst leicht verläuft. Man kann das als Aberglauben belächeln, aber ein Quäntchen Erfahrungswissen schwingt bei solchen Empfehlungen immer mit.

In Knoten wurde auch Energie konserviert, so konnte man sich bei weisen Frauen Knoten in Tücher oder Schnüre machen lassen – und wenn sie gelöst wurden, setzte sich die gewünschte Energie frei. Unser Knotenzauber wirkt in die umgekehrte Richtung: Wir binden Energie ein.

Für die Fortdauer einer Glückssträhne

Nimm dafür eine dicke grüne Kordel, es kann auch ein Stück Seil sein oder ein längliches Tuch. Natürlich ist hier der zunehmende Mond ideal, an einem Donnerstag ist es umso besser. Streiche mit der Kordel über die Dinge, die dir Erfolg bringen. Das kann das Handy sein, der Computer, Arbeitsmaschinen, Werkzeug, Verträge – was auch immer es ist, das weißt du selbst am besten.

Spüre dabei, wie jeder dieser Gegenstände eine bestimmte Aura hat. Du wirst deine eigene Wahrnehmung haben. Ich sehe es oft als eine Art Lichtpartikel, die einen Gegenstand einhüllen. Während du mit der Kordel über die Gegenstände streichst, spüre nach, wie sich einige dieser Lichtpartikel an die Kordel anheften. (Es ist gut möglich, dass du es anders wahrnimmst, ich beschreibe es hier mit meiner Wahrnehmung, damit du einen ersten Eindruck hast, wie das aussehen kann.)

Wenn die Kordel sich mit der guten Energie vollgesogen hat, mach einen Knoten hinein und sprich etwas, zum Beispiel:

Was gut hier ist,
Das bind' ich ein,
So wie's jetzt ist,
soll's lange sein!

Du kannst natürlich auch einen eigenen Spruch finden. Leg die Schnur dann an einen Ort, der eng mit deiner Arbeit verbunden ist.

Zu sich selbst finden

Es gibt diesen hübschen Buchtitel: »Wer bin ich – und wenn ja, wie viele?« In unserer schnelllebigen Zeit mit ihren vielfältigen Einflüssen und Ansprüchen kann es schwer sein, zu sich selbst zu finden, weshalb ich diesem überaus wichtigen Thema einen eigenen Abschnitt widmen möchte.

Als Kartenlegerin würde mir die Arbeit nicht ausgehen, wenn ich nur noch Anfragen zum Thema: »Wer bin ich? Was ist meine Aufgabe? Wofür bin ich gemacht?« beantworten würde. So häufig und drängend ist das Thema für viele Menschen. Trotzdem bin ich zurückhaltend, die Karten dazu zu befragen, denn ich glaube, es ist besser, wenn man selbst die Antwort findet.

Wenn einem andere Menschen Hinweise dazu geben, können die noch so passend sein: Solange man es nicht selbst fühlt, solange nicht in einem ganz persönlich diese innere Resonanz aufkommt, sind es nur Sätze, die irgendjemand sagt. Die Seele muss sich selbst erkennen, alles andere wären verglichen damit nur schwache Spiegelbilder von außen.

Menschen verändern sich natürlich auch. Du bist nicht mehr derselbe Mensch wie vor zehn Jahren, vieles ist passiert, hat Eindrücke hinterlassen und Veränderungen bewirkt. Trotzdem hat jeder Mensch seine ureigene Essenz. Wir sind keine Zufälle, und nicht alles im Leben ist optional.

Heute wird oft suggeriert: Du kannst alles werden, wenn du nur willst und dich ausreichend anstrengst. Das ist zur Hälfte wahr, man kann mit etwas Glück vieles werden. Aber man kann nicht alles *sein*. Weil man bereits etwas ist. Jeder Mensch bringt sich selbst mit.

Eine Mutter kann genau sagen, welches ihrer Kinder das ruhige ist und wer der Wirbelwind. Wenn man zurückdenkt, hatte jedes Kind bereits bei seiner Geburt diese unverwechselbare Energie. Sie mag nicht jederzeit sichtbar sein, aber sie blitzt immer wieder auf. Genau darum geht es, dieser Energie sind wir auf der Spur.

Jeder Mensch wird mit seinem persönlichen Naturell geboren, mit Gaben, die er in die Gemeinschaft einbringen kann und soll. Wir kommen nicht als unbeschriebene Blätter zur Welt, wir bringen bereits etwas mit. In der magischen Tradition hat man dafür das Bild der Feen, die bei der Geburt am Bettrand stehen (mehr zu den Feen im Kapitel »Geistwesen«). Hellsichtige konnten sie wahrnehmen, sie schenkten dem Kind seine Talente und gaben ihm die groben Eckpunkte seines Schicksals mit auf den Weg.

Das Märchen vom Dornröschen enthält noch solche Elemente, hier kann man bis zurück zu den Nornen gehen, die den Schicksalsfaden spinnen (auch bei Dornröschen war da eine Spindel …), vermessen und eines Tages abschneiden, wenn unsere Zeit hier zu Ende geht.

Ich möchte bei diesem Thema noch eine Sache betonen, bevor es praktisch losgeht: Unsere Energie muss nicht »optimal« sein. Viele denken, wenn man erst zu sich selbst gefunden hat, ist man ein perfekter Mensch, dann läuft alles rund. Das ist so nicht richtig. Wenn man zu sich selbst gefunden hat, weiß man, wer man ist. Nicht mehr und nicht weniger. Die Ecken und Kanten bleiben, die Selbsterkenntnis katapultiert einen nicht aus der natürlichen Polarität des Lebens heraus.

Ich beschreibe dir hier einen magischen Weg als einen spirituellen Entwicklungsprozess im Entdecken deiner selbst. Du kannst diesen Weg abwandeln, verändern und ausgestalten. Wenn deine Intuition dir hilfreiche Hinweise gibt, dann folge ihr. Wer meine anderen Bücher kennt, weiß bereits: Deine Magie kann und darf eine eigene Note haben. Oft werden Rituale und magische Prozesse sogar erst richtig lebendig, wenn man etwas eigenes dazugibt.

Es geht darum, sich zu finden, und das ist in einer uferlosen Weite der Möglichkeiten nicht möglich. Irgendwo muss man sein kleines Lebensschiff auch mal festmachen, um zu verschnaufen, und dazu sollte man seinen Heimathafen kennen. Der Musiker Chilly Gonzales hat einmal in einem Interview gesagt, der größte Feind der Kreativität sei das Gefühl, alles tun zu können. Wer präzise Anweisungen bekommt, findet echte Freiheit.

Da steckt viel Wahrheit drin. Wichtig ist auch, dass du offen bleibst. Wenn man einen spirituellen Prozess anstößt, hat man sehr oft neben dem eigentlichen Ergebnis auch kreativen Beifang. Dinge werden einem bewusst, Lösungen tauchen auf, auch zu Problemen, zu denen man gar nicht gefragt hatte. Deshalb ist Offenheit so wichtig.

Wenn du möchtest, kannst du den folgenden Vorschlag für einen Entwicklungsprozess mit den Mondphasen abstimmen. Den Beginn legst du in das letzte Viertel vor dem Neumond. Der mittlere Weg entspricht dem ersten Viertel vom Neumond bis zum Halbmond und der Abschluss fällt in die Phase vom Halbmond bis zum vollen Mond.

Ich beschreibe den Prozess auf diese Weise, weil es erfahrungsgemäß gut ist, wenn man den Dingen einen zeitlichen Rahmen gibt, dann arbeitet man auch wirklich damit. Trotzdem kannst du natürlich dein eigenes Tempo wählen, manchmal ergeben sich zwischendurch Dinge, die mehr Zeit erfordern, und du bist frei, sie dir zu nehmen.

Zu Beginn

Jeder Weg hat einen Anfang, eine Mitte und ein Ende. Beginnen wir also am Anfang. Das hört sich banal an, aber nicht wenige wollen in der Mitte anfangen, und einige wären am liebsten gleich am Ziel, am besten einfach so durch ein paar positive Gedanken. Doch wenn ein Weg wirkliche Veränderungen mit sich bringen soll, kann er nicht nur aus Gedanken bestehen. Er muss erfühlt, erlebt und wirklich gegangen werden. Abkürzungen sind nicht so gut, wie sie auf den ersten Blick aussehen. Man kommt vielleicht schneller am Ziel an, aber – bildlich gesprochen – mit leerem Körbchen in der Hand.

In der traditionellen Magie beginnt man immer mit einer Reinigung. Man wirft Ballast ab, lässt los und schafft einen klaren Raum, in dem sich alles ordnen kann. In dieser Phase gibst du die Ideen auf, die du über dich selbst hast. Ich bin so und so. Für mich ist das und das typisch.

Also ohne dies und das kann ich gar nicht sein! … Manches, das wir für unsere ureigene Energie halten, ist nämlich nur eine Angewohnheit.

Ich kenne zum Beispiel eine Frau in leitender Position, die in ihrem früheren Beruf vor allem soziale Aufgaben übernommen hatte. Irgendwann wurde ihr klar, dass ihre scheinbar natürliche Neigung zu sozialen Tätigkeiten aus ihrer Ursprungsfamilie kam. Sie war so erzogen, der Glaubenssatz dazu hieß: Mädchen sind einfach so, Mädchen sind immer freundlich und kümmern sich. Wechselnde Phasen von grollender Unzufriedenheit und depressiver Getriebenheit brachten sie schließlich auf die Spur, dass etwas nicht stimmt. Des Rätsels Lösung war, dass sie in Wirklichkeit ganz anders war als gedacht und schließlich in organisatorischen und leitenden Tätigkeiten aufblühte.

Eine Pflanze, die am falschen Ort wächst, bleibt kümmerlich. Im Gegensatz zu Pflanzen können wir unseren Ort glücklicherweise selbst wechseln. Je weniger vorgefasste Gedanken man über sich hat, desto besser.

Beginne deinen Weg mit einem klassischen Reinigungsritual zu Neumond (damit ist – zur Erinnerung – der Dunkelmond gemeint, also die Zeit, zu der man die Mondsichel nicht am Himmel sieht). Gib eine Tasse Meersalz auf eine Wanne Badewasser. Wenn du Kräuter verwenden möchtest, kannst du die Pflanzen unserer Vorfahren mit einbeziehen.

- Birke – Pflanze der Neuanfänge und Initiationen bei den Slawen
- Mistel – heilige Lichtpflanze der Übergänge bei den Kelten

- Eberesche – Schutz- und Reinigungspflanze bei den Germanen
- Salbei – für Reinigung, Gesundheit und Schutz bei den Römern

Natürlich können wir davon ausgehen, dass diese Pflanzen in allen genannten Kulturen bekannt waren. Du kannst sie auch gern kombinieren. Gib zwei Tassen davon frisch oder getrocknet in ein kleines Tüchlein, knote es oben fest zu und drücke es während des Bades immer wieder aus.

Bade etwa zwanzig Minuten und lass dabei alles los. Die Konzepte davon, wer du sein willst oder sollst, oder was du selbst meinst, was bei diesem Prozess herauskommen müsste. Mut zur Lücke ist das Stichwort.

Nimm anschließend dein Notizbuch für diesen Prozess (oder dein Handy, wenn du dir am liebsten dort Notizen machst) und formuliere die Ausgangsfrage. Das ist wichtig, sonst wird so eine innere Suche schnell schwammig. Das kann zum Beispiel sein: Was macht mich wirklich aus? Wie kann ich meine Zeit besser für das einsetzen, was mir wirklich wichtig ist? Welches Hobby würde mich glücklich machen? Ich habe das Gefühl, ich übersehe etwas Wichtiges in meinem Leben, was ist es?

Es müssen nicht immer die ganz großen Fragen sein, manchmal zwickt einen der Alltag viel mehr mit seinen tausend kleinen Anforderungen. Du kannst diesen Prozess immer wieder machen, für die unterschiedlichsten Anliegen. Es kann verlockend sein, mehrere Anliegen auf einmal bearbeiten zu wollen, aber bleib bei einem, nimm das, was dir am wichtigsten ist. Eins nach dem anderen, haben unsere Großmütter gesagt, und sie hatten recht.

Anschließend lässt du für den weiteren Prozess symbolisch eine lieb gewonnene Gewohnheit los. Wenn du beispielsweise zum Frühstück immer eine Tasse Kaffee trinkst, kannst du sie gegen etwas anderes ersetzen. Es muss nicht wehtun, es geht nicht um Härte gegen sich selbst, sondern um einen kleinen Pikser im Alltag, der dich daran erinnert, dass du etwas vorhast.

Es geht dabei darum, dass du *wirklich* etwas neu machen willst, dass es nicht nur so dahingesagt ist. Es ist also sehr wichtig, sich auch daran zu halten.

Im Mittelteil

Nach dem Startschuss zu Neumond kommt nun der mittlere Teil, der etwa eine Woche dauert, bis zum ersten Mondviertel hin. Du machst jetzt: nichts, höchstens Notizen. Lass deinen inneren Raum bewusst weit werden, fülle ihn nicht, sondern warte ab, was aus der Weite aufsteigt, was sich ganz von selbst zeigt.

Schreib dir alles auf, was sich jetzt an bedeutungsvollen Zufällen ereignet oder zum Beispiel an Gedanken, die dir nicht aus dem Kopf gehen. Nimm dein Notizbuch überall mit hin oder leg dir Notizen auf deinem Handy an. Wichtig ist nur, dass du es machst. Nichts ist zu klein oder unwichtig. Manchmal neigt man dazu zu sagen: Ach, das war doch nichts. Das ist nicht so wichtig. Aber woher kann man das wissen? Meist kommen solche Gedanken daher, dass wir gleich alles einordnen wollen, und was sich noch nicht einordnen lässt, fliegt raus. Daher ist es so wichtig, sich selbst auf die Spur zu kommen und wirklich alles zu notieren, auch wenn man es mit einem Fragezeichen aufschreibt.

Nutze in dieser Zeit die Alantwurzel als Räucherwerk. Sie hat als Sonnenpflanze eine lange Tradition, wenn es darum geht, dass einem sprichwörtlich ein Licht aufgehen soll. Wer nicht gern räuchert, kann sie in einem gelben Säckchen bei sich tragen, am besten direkt am Körper.

Auch Kiefernharz kann stärken und neue Horizonte öffnen. Es wird auch als sogenannter Waldweihrauch verkauft. Achte darauf, dass du kein Fichtenharz (oft unter der Handelsbezeichnung Burgunderharz erhältlich) erwischst, es raucht viel stärker und ist nicht so erdigverbindend. Kiefernharz bringt Himmel und Erde zusammen, es hebt die Seele empor, damit sie einen Überblick gewinnen kann, und lässt uns gleichzeitig Wurzeln schlagen.

Verwende die Räucherungen, wann immer du magst. Ich gebe hier bewusst keine festen Rituale vor, sie können den freien Fluss der Energien auch stören. Folge deinem Empfinden. Für den einen ist eine tägliche Räucherung ideal, für jemand anderen ist sie einmal zu Beginn als Startschuss wichtig und danach geht es einfach so weiter.

Zum Ende hin

Wenn du mit dem Mond gehst, ist jetzt die Zeit zwischen dem ersten Viertel und dem Vollmond gekommen. Spürst du, dass du mehr Zeit brauchst, kannst du sie dir jederzeit nehmen. Mit dem Mond zu gehen ist eine Anregung, und oft ist es hilfreich, sich einen Rahmen zu setzen, damit man den Weg auch wirklich geht. Aber die Seele hat ihre eigene Zeitrechnung, und du kannst diesen Weg jederzeit verlängern.

Mit Blick auf deine Notizen und auch das Gefühl, das du in der Zeit der Suche bekommen hast (nicht alles lässt sich in Worte fassen), hat sich nun einiges geklärt. Es wird Zeit, die Ernte einzufahren und zu sortieren. Geh in Ruhe durch, was die zentralen Punkte sind, die deine Frage beantworten oder neue Ansatzpunkte für eine tiefer führende Suche bilden.

Wenn sich etwas klar erkennen lässt, verwende Rosmarin als Pflanze der Übergänge und der Neuanfänge. Du kannst ihn räuchern oder das ätherische Öl verdunsten lassen, natürlich kann er auch am Körper getragen werden. Seit der Zeit der Klostergärten ist er aus unserer Pflanzentradition nicht mehr wegzudenken: ein kraftvoller Wegbereiter, der gleichzeitig schützt und die nötige Energie verleiht, die Dinge anzupacken.

Es ist wichtig, dass man das Neue begrüßt. Wir sind oft viel zu schnell heutzutage: Ah, da ist meine Lösung, nun aber schnell damit arbeiten! Lass dir lieber Zeit, begrüße die möglichen Veränderungen, gib ihnen Raum, und dann erst beginne sie umzusetzen. Es gibt keinen guten Grund, warum man eilen sollte. Du hast dir so viel Mühe gemacht, da darfst du das Ergebnis ruhig feiern. Und danach geht es los.

Schutzmagie und das Auflösen von Negativem

Mit dem Schutz ist es in der Magie ein bisschen wie mit dem Schutz vor Erkältungen im alltäglichen Leben: Wer ein starkes Immunsystem hat, wird von vornherein wenig Ärger haben.

Viele Menschen befürchten, wenn jemand schlecht über sie denkt, ihnen etwas neidet oder sogar direkt negative Energie sendet, wird das unweigerlich einen schlechten Einfluss auf ihr Leben haben. Die gute Nachricht lautet, dass es zum Glück nicht so einfach ist. Um im Bild der Erkältung zu bleiben, erwischt sie bekanntlich auch nicht jeden. Manche Leute nehmen jeden Schnupfen mit, bei anderen kann die ganze Familie an Grippe erkranken und sie bleiben fit und halten den Laden am Laufen.

Wenn jemand ein starkes spirituelles Immunsystem hat, ist es genauso. Dann können sich andere die Finger wund zaubern, es wird sich nichts verfangen. Und selbst wenn etwas hängen bleibt, bekommt nicht jeder gleich eine ausgewachsene Grippe mit 40 Grad Fieber. Manche haben nur einen kleinen Schnupfen, im echten Leben also vielleicht ein paar Tage, an denen Kleinigkeiten schiefgehen, und das war es schon.

Es ist wichtig, sich darüber bewusst zu sein, denn oft ist die eigene Angst der Katalysator für negative Energien. Die eigene Angst macht ihnen die Tür auf. Wäre man ruhig und gelassen geblieben, wären sie einfach abgeprallt.

Ein starkes spirituelles Immunsystem aufbauen

Beginnen wir dieses Kapitel also mit der Vorbeugung, denn auch auf der spirituellen Ebene ist vorbeugen besser als heilen. Das war unseren Vorfahren ebenfalls bewusst, und so hatte jede Hütte, jedes Gehöft und jede Burg einen heiligen Bereich. Bis heute gibt es das, zum Beispiel als Herrgottswinkel in der christlichen Tradition.

Viele Menschen haben Hausaltäre, ohne es zu wissen. Auf einer Kommode stehen Familienfotos und dazu eine Kerze, jemand anderes sammelt vielleicht Katzenfiguren an einem hübschen Platz oder hat eine Vitrine voller Edelsteine und Mineralien. All das sind Kraftplätze, auch wenn es demjenigen nicht bewusst ist.

Der hübsch dekorierte Zimmerbrunnen, der die Geister des Wassers ehrt, der Kamin mit den Feuergeistern, ein Klangspiel für die Luftgeister, mitgebrachte Steine aus dem Urlaub für die Erde, so schnell hat man in seiner Wohnung Kraftplätze für die vier Elemente zusammen, ohne es auch nur zu ahnen.

In der Magie wollen wir natürlich bewusst mit diesen Dingen arbeiten, um die Energie auf die Bahnen zu lotsen, die für uns Harmonie und Glück bedeuten. Für ein starkes spirituelles Immunsystem sind dabei zwei Dinge wichtig: ein fester Ort in deinem Zuhause, der einen starken, positiven Strom der Kraft generiert, und Amulette oder Glücksbringer für unterwegs, damit du jederzeit gut geschützt bist.

Ein Ort der guten Kraft

Das Wort Altar kann sich manchmal so heilig anhören, dass man sich nicht an die Sache herantraut. Vielleicht reden wie lieber von einem Kraftort. Also einem Platz in deiner Umgebung, den du so gestaltest, dass er eine gute und schützende Energie anzieht und damit auf deinen Wohnraum und dein ganzes Leben abstrahlt. Nicht nur Schamanen können in Zeit und Raum reisen, auch du kannst in einem schwierigen Moment innerlich Verbindung zu deinem Kraftort zu Hause aufnehmen und dich damit schützen.

Dafür muss es eine starke Verbindung geben – und die will gepflegt werden. Manche Menschen verehren die alten Göttinnen und Götter, andere gehen christliche Wege, arbeiten mit Feen und Naturgeistern oder mit Energien an sich. Es gibt viele Wege, du wirst instinktiv spüren, was für dich der richtige Weg ist, und das kann sich auch immer mal ändern im Leben. Lerne da, wo es für dich etwas zu lernen gibt.

Die wichtigste Grundregel für einen Kraftort ist, dass die Dinge darauf für dich tatsächlich Kraft haben. Sie müssen dir etwas bedeuten, niemand anderem. Das hört sich selbstverständlich an, aber viele Menschen legen alles Mögliche auf ihre Altäre, weil man das so macht oder weil es dazugehören würde, ohne dass es ihnen wirklich etwas sagt.

Doch du musst keinem bestimmten Aufbau folgen, es gibt keine starren Regeln zu beachten. Man kann das mit Rezepten vergleichen: Wenn du genau nach Rezept kochst, ohne selbst abzuschmecken und die Zutaten an deinen Geschmack anzupassen, bekommst du exakt das, was das Rezept beschreibt. Ob es dir schmeckt, ist eine andere Frage. Was für den einen versalzen ist, ist für jemand anderen gerade richtig gewürzt. Und genau so ist es auch in der Magie. Nimm die folgenden Empfehlungen daher als Anregung, und mach dein eigenes Rezept daraus.

Mögliche Bausteine für einen Kraftort

Hilfreich ist **ein Zentrum**. Das kann eine zentrale Figur sein, zum Beispiel eine Göttin oder ein Schutzengel. Es kann ein Kristall sein oder ein Räuchergefäß, das deine Anliegen mit dem Rauch zum Himmel trägt. Ein paar Federn, hübsch in einem Glas arrangiert. Ein Foto oder eine Postkarte, die genau das einfängt, was für dich starke, positive Kraft ausmacht. Eine Kerze. Eine Schale mit Wasser. Eine Kristallkugel. (Wie ein solcher Kraftort aussehen könnte, kannst du im Bildteil dieses Buchs sehen.)

Du bist frei, das herauszusuchen, was für dich stimmig ist. Das kann sich auch ändern, es sollte aber nicht jeden Tag ausgetauscht werden, damit ein konsistentes Kraftfeld entsteht.

Zwei Kerzen links und rechts können passend sein. Sie symbolisieren hell und dunkel, Yin und Yang, die Polarität des Lebens. Sie spannen eine Art Kraftbogen über dem Altar. Du kannst das auch erweitern und vier Kerzen verwenden, eine für jede Himmelsrichtung.

Wasser. Wasser ist ein Schwingungsträger. Wir denken meist an Kerzen, wenn es um heilige Orte geht, aber eine Schale mit Wasser ist mindestens genauso wichtig. Wasser reinigt durch seine bloße Anwesenheit, es setzt dem Feuer der Kerzen eine ausgleichende Energie entgegen, so wird der Altar nicht nur zum Ort der Kraft und des Willens (Feuer), sondern auch der Intuition und der Empfänglichkeit (Wasser).

Ein Altarstein. Möglicherweise bist du nicht der Typ für Steine, dann musst du natürlich keinen Stein auf deinen Altar legen. Zur Veranschaulichung eine kleine Geschichte: Vor einer Weile konnte mir der Steinhändler meines Vertrauens einen großen Lapislazuli als Altarstein organisieren. Lapislazuli ist nicht nur wunderschön, er wird auch häufig gefälscht, sodass man umsichtig sein muss, wo man ihn herbekommt. Lieber ein halbes Jahr gewartet als eine dubiose Fälschung auf dem Altar. Meine Freude war groß, mein Mann reagierte mit den Worten: »Ja, das ist ein Stein. Er ist blau.«

Wenn du ähnlich reagieren würdest, ist ein Stein wohl nicht so wichtig für deinen Kraftort. Er gehört dann nicht zu deinem »Rezept«, denn wer – bildlich gesprochen – Zitronenkuchen bäckt, wird keine Tomaten in den Teig einarbeiten. Ich betone das, weil viele denken, bestimmte Dinge sind ein Muss, und sich dann Sachen auf ihren Kraftort stellen, die gar nicht zu ihnen gehören. Das bremst deine Energie nur aus, als wären da zwei Farben, die sich beißen.

Wenn ich einen Lapislazuli sehe, fängt innerlich eine Geschichte an. Ich sehe in seinem Blau die großen Göttinnen des Himmels, in seinen goldenen Sprenkeln die Sterne, die sie schmücken. Da öffnet sich eine ganze Welt, die sich nicht unbedingt in Worte fassen lässt. Bilder und Empfindungen tauchen auf, kurz gesagt: Da ist eine Resonanz. Für andere ist es nur ein Stein, der zufällig blau ist.

Lass nur das auf deinen Kraftplatz, was eine Resonanz in dir hervorruft. Dinge, die dir eine Geschichte erzählen, bei denen du innere Bilder siehst oder dieses starke Gefühl der Verbundenheit hast. Lieber eine gefundene Feder, die dir wirklich etwas bedeutet, als den perfekten Aufbau nach vorgegebenem Schema, der dich innerlich gar nicht berührt.

Klang kann ebenfalls dazugehören. Eine kleine Glocke, eine Klangschale, Zimbeln oder eine Rassel können den Platz der Kraft abrunden. Verwende sie, wenn du dort meditierst, betest oder Anrufungen machst, und zwar zu Beginn und zum Abschluss dieser Rituale. Man kann solche kleinen Details nebensächlich finden, das sind sie aber nicht, sonst würden spirituelle Wege weltweit nicht darauf vertrauen. Sie prägen sich ein und bewirken eine automatische Reaktion: Du kommst in den richtigen geistigen Zustand, brauchst dafür keine längere Sammlung mehr, sondern bist innerlich da, sobald es losgeht.

Verwende deinen Kraftort, um aufzutanken, er ist der Platz, an dem du alles sagen, alles fühlen und alles denken darfst. Authentisch zu sein ist das Wichtigste, die da oben durchschauen sowieso, wenn wir etwas vorspielen oder beispielsweise gute, motivierte Menschen sein wollen, während wir einfach mal sagen sollten: Ich kann grad nicht mehr, bitte helft mir.

Wenn du regelmäßig mit deinem Ort der Kraft arbeitest, wird er ein innerer Anker. Dann kannst du auch, wie bereits angesprochen, unterwegs an deinen Ort denken und damit Kraft tanken. Fotografiere ihn und trage das Bild bei dir. Verändere ihn, wann immer nötig. Altäre sind genauso lebendig wie wir selbst.

Schutz und Glück to go

Amulette und Talismane haben eine lange Geschichte, man kann sogar sagen, dass Schmuck in seiner ursprünglichen Form nicht als Verschönerung gedacht war, sondern als Schutz und um das Glück anzulocken. Es gibt eine überreiche Fülle der unterschiedlichsten Amulette, man kann damit ganze Bücher füllen.

Ich habe für diese Zusammenstellung den Schwerpunkt auf ältere Schutzsymbole unserer Vorfahren gelegt. Über Pentagramme und dergleichen ist schon viel geschrieben worden, aber was ist mit Keulenamuletten oder dem slawischen Alatyr? Höchste Zeit, sie näher unter die Lupe zu nehmen.

Sonne, Radamulett, Svarga

All diese Amulette beziehen sich auf die Kraft der Sonne und haben ihre Wurzel im uralten Bild des Sonnenwagens, der jeder Morgen die Sonne über den Himmel zieht (manchmal ist es auch der Wagen des Donnergottes, der über den Himmel braust – da oben war viel los).

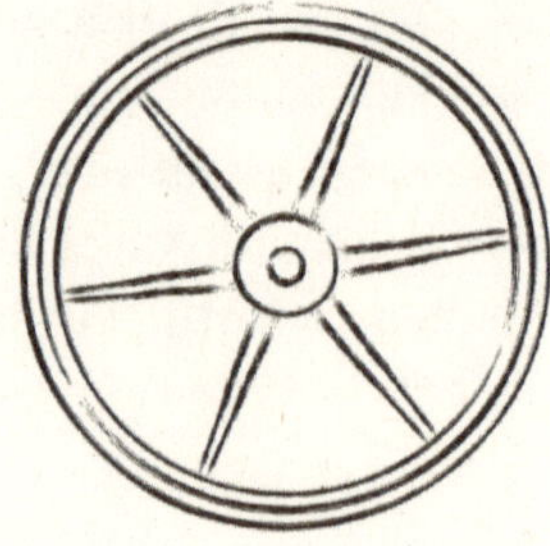

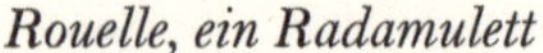

Rouelle, ein Radamulett

Das Symbol Svarga

Diese Amulette sind starke Schutzzeichen, die Licht und neue Kraft in unser Leben ziehen. Wenn man eine schwierige Phase durchmacht, helfen sie, die Dinge wieder in Bewegung zu bringen. Sie helfen dabei, vom Fleck zu kommen, sich weiterzuentwickeln und mit mehr Selbstvertrauen durchs Leben zu gehen.

Triskele

In der keltischen Triskele verbinden sich die drei Welten in einem dynamischen Motiv: die Tiefen der Erde, die Welt, in der wir leben, und die Weiten des Himmels. Sie wird heute oft in einem schamanischen Kontext gesehen, da viele Kulturen diese Dreiteilung der Welt kennen.

Triskele

Triskelen helfen dabei, verbunden zu sein und dabei nicht stehen zu bleiben. Als »bewegtes« Amulett ist die Triskele den gerade erwähnten Radamuletten nicht unähnlich und kann im weitesten Sinne sogar dazu gezählt werden. Hier haben wir aber die Betonung auf den drei Welten und damit der Ganzheitlichkeit des Lebens. Kein Aspekt überwiegt, alles ist mit allem verbunden, und gemeinsam geht es voran.

Verwende die Triskele, wenn die Dinge nicht rund laufen oder dein Leben in einer Schieflage ist. Sie ist auch ein wunderbares Amulett, wenn einzelne Lebensbereiche die Energie runterziehen, während alles Weitere in guten Bahnen läuft. Sie ist auch allgemein für spirituelle und schamanische Arbeit zu empfehlen, hilft dabei, die richtigen geistigen Helfer zu finden und mit ihnen verbunden zu sein.

Pferdeamulette

Amulette mit Pferden waren in der Antike außerordentlich beliebt, und sie passen auch ziemlich gut in unsere heutige schnelllebige Zeit. Pferdeamulette beschleunigen Dinge, beschützen sie aber auch. Das Pferd als heiliges Sonnentier ist zudem ein Symbol für Gesundheit, Kraft und viel Energie.

Als schamanisches Reittier ist es die Verbindung zu den Göttinnen und Göttern, aber auch allen anderen Kräften, die auf uns einwirken. Wenn du gut und geschützt irgendwo hinkommen willst – sei das eine geistige oder eine ganz reale Reise –, sind Pferdeamulette eine gute Wahl.

Bis heute beschützen Pferdekopfgiebel viele Häuser in Norddeutschland, du kannst mit dem Pferd als Symbol also auch allgemein für den Schutz und zum Segen deiner Familie und deiner Lieben arbeiten. Sie verbinden natürlich auch mit der Göttin Epona, zu der du mehr im Kapitel über die Götter erfährst.

Hirschamulette

Ganz ähnlich dem Pferd ist auch der Hirsch ein königliches Tier. In vielen Legenden muss der Held erst einen Hirsch erlegen, bevor er für Höheres legitimiert ist. Dieser Hirsch trägt eine mystische Sonne in seinem Geweih – ersetzt man bei einem allseits bekannten Kräuterlikör das Kreuz im Hirschgeweih durch eine Sonne, hat man wieder dieses uralte Bild.

Hirsche sind besondere Tiere, sie verbinden mit Kernunnos und anderen alten gehörnten Naturgottheiten. Sie verbinden auch generell mit der spirituellen Welt. Etwas sanfter als das Pferd, aber doch kraftvoll und majestätisch.

Verwende Hirschamulette, wenn du deine Ziele erreichen willst, egal, ob im Beruf oder privat. Der Hirsch hat diese elegante Energie: Man geht seinen Weg, man ist zielstrebig, und doch ist es keine Kraft, die rabiat ist oder andere ins Visier nimmt, um sie zu übertrumpfen. Das hat die Hirschkraft nicht nötig. Wenn du einen eleganten Sieg anstrebst, ist der Hirsch dein Symbol.

Vogelamulette

Vögel stehen seit alter Zeit für Seelen und Geistwesen, aber auch für den Flug der Seele in Träumen und besonderen Momenten, in denen uns große Einsichten zuteilwerden. Es gibt dieses uralte Bild, dass die Seelen der Menschen zwischen zwei weltlichen Leben auf dem Lebensbaum sitzen, bis sie sich wieder verkörpern. Die Römer lasen begeistert Omen aus dem Flug der Vögel, auch das eine Erinnerung daran, dass sie göttliche Boten sind.

Mit Vogelamuletten kann man ganz konkret arbeiten, wenn man sich ein Kind wünscht – man kann damit eine kleine Seele anlocken. Sie können für geistige Reisen verwendet werden und um eine größere Perspektive zu bekommen. Wenn du die Antwort auf eine Frage suchst oder bestimmte Informationen brauchst, sind Vogelamulette eine gute Wahl.

Sie können auch generell helfen, mehr Leichtigkeit im eigenen Leben zu entwickeln und alles nicht zu schwer zu nehmen. Das Leben ist kurz, irgendwann sitzt man selbst wieder im Lebensbaum als kleines Vögelchen ... Warum nicht etwas Schönes aus der Zeit hier auf Erden machen?

Eberamulette

Bei Eberamuletten geht es um Kraft und Stärke. Bei den Germanen ist er ein heiliges Tier von Freya und Freyr, aber auch die Römer, Kelten und Slawen haben eine enge Beziehung zu diesem dynamischen Kraftpaket. Und genau darum geht es auch: Kraft, Stärke, mal so richtig durchwurzeln und sich selbst behaupten.

Was der Hirsch an Eleganz mitbringt und das Pferd an Dynamik, das macht der Eber mit seiner sprichwörtlichen Wildsauenergie. Damit sind diese Amulette bestens für alle geeignet, die im ersten Moment vermutlich vor ihnen zurückschrecken: die Sanften, die Schüchternen und diejenigen, die sich immer wieder ausnutzen lassen und es hinterher bereuen. Auch in pflegenden, heilenden oder sozialen Berufen kann der Eber helfen, gesunde Grenzen zu finden und sie den anderen auch aufzuzeigen. Wenn du deine Ziele entschlossen verfolgst – natürlich auch im Sport und in allen anderen Bereichen, wo es auf körperliche Kraft ankommt –, ist der Eber ein sehr gutes Amulett.

Schlangenamulette

Was den Norddeutschen die Pferdekopfgiebel, das sind für die Wenden (Sorben) die Schlangenkopfgiebel an den Häusern, die man im Spreewald bewundern kann. Die Schlange und speziell der Schlangenkönig ist ein geschätzter Glücksbringer, die Kraft der Erneuerung, der Fruchtbarkeit und der Heilung.

Als Krönchennatter ist er in ganz Deutschland in den unterschiedlichsten Sagen und Märchen bekannt. Das ist keine »falsche Schlange«, sondern der gute Geist eines Ortes, der das Glück von Haus und Hof bewacht, aber auch magische Orte anzeigt. Es ist das Tier der männlichen wie der weiblichen Erdgottheiten, voller Weisheit und Eleganz.

Verwende Schlangenamulette, wenn du etwas heilen willst, wenn du das nötige Quäntchen Glück benötigst oder dich erden willst und mehr Bodenhaftung brauchst. Verwende sie, wenn du eine alte Haut abstreifen und dich weiterentwickeln willst. Sie sind auch sehr hilfreich, wenn man emotional oder spirituell das Gefühl hat, an der Oberfläche zu kratzen, und tiefer gehen möchte.

Keltische Knoten

Keltische Knoten gibt es in den vielfältigsten Varianten, und doch zeigen sie alle eines auf: Alles ist mit allem verbunden. Sie sind Symbole der energetischen und realen Verflechtungen der Welt(en) miteinander. In vielen Teilen der Welt hat man diese Verflechtungen grafisch in Form von verflochtenen Mustern dargestellt, so auch bei den Kelten.

Du kannst mit keltischen Knoten(mustern) arbeiten, wenn du das Gefühl hast, abgeschnitten zu sein und nicht zu bekommen, was du brauchst. Hier geht es um die Wiedereinbindung ins große Geflecht der Kräfte, sodass dir alle Möglichkeiten offenstehen.

Mit keltischen Knoten kannst du sagen: Ich bin dabei, ich mische wieder mit. Sie sind auch in Ritualen und bei Anrufungen sehr kraftvolle Symbole, um einen guten Kontakt zur anderen Seite zu bekommen und wirklich gehört zu werden. Probiere sie aus, wenn du das Gefühl hast, dass deine magischen Arbeiten nicht richtig durchdringen können, oder wenn du mit einer Energie zum ersten Mal arbeitest, damit der Austausch leichter wird.

Medusa-Amulette

Medusa-Amulette sind starke Schutzamulette. Sie waren in der Antike sehr beliebt und wurden unter anderem in Sachsen-Anhalt bei Ausgrabungen gefunden. Dort würde man nicht unbedingt einen klassischen Wirkungsort der Medusa vermuten, doch wie so oft reisen die Geistigen gern.

Verwende Medusa-Amulette bei ernsthaften Angelegenheiten und um Personen, Dinge oder Orte grundsätzlich zu schützen. Hier geht es um eine abschreckende Energie: Im Mythos lässt Medusas Blick das Gegenüber zu Stein erstarren. Eine Metapher dafür, dass man es benutzen kann, um jemanden in seinem Tun aufzuhalten.

Das kann sehr hilfreich sein, wenn es um Mobbing geht oder um Menschen, die einen auf dem Kieker haben, obwohl man ihnen nichts getan hat. Man kann damit beschützen, was einem lieb und teuer ist. Es ist keine freundliche Energie, aber manchmal ist das Leben so, dass man sich verteidigen und das Gegenüber auf Abstand halten muss, weil es einen sonst ernsthaft schädigt. In solchen Situationen kann ein Medusa-Amulett die richtige Wahl sein. Es ist auch eine gute Wahl, um die Haustür zu beschützen.

Pfeilspitzen

Anhänger in der Form von Pfeil- oder Lanzenspitzen gibt es schon sehr lange, sie sind ein Zeichen für Schutz, für männliche Energie und natürlich auch für ein zielgerichtetes Vorgehen. Du kannst damit arbeiten, um fokussiert bei deinen Aufgaben und Themen zu bleiben. Sie helfen dir dabei, dich nicht ablenken zu lassen und zu erreichen, was du anstrebst.

Natürlich haben Pfeile und Lanzen auch eine kriegerische Energie, hier kommt es – wie immer im Leben – darauf an, wie und wofür man sie einsetzt. Energien sind nicht per se gut oder schlecht. So kann jemand mit übermäßigem Harmoniestreben sehr erdrückend auf sein Umfeld wirken, auch wenn Harmonie normalerweise als positiv bewertet wird. Umgekehrt ist eine klare, dynamische Energie oft eine gute Sache, wenn man sie positiv einsetzt.

Genau darum geht es bei diesen Amuletten. Wenn du vorwärtsstreben willst, wenn du Ziele hast (Aus- und Weiterbildungen zum Beispiel oder auch ganz persönliche Lebensziele), unterstützen dich diese Amulette dabei, auf deinem Weg zu bleiben und da anzukommen, wo du hinwillst.

Beile, Äxte, Hämmer, Thors Hammer

Heute findet man am häufigsten Thors Hammer als Amulett, früher waren auch kleine Beile und Äxte sehr beliebt. Mit symbolischer Schlagkraft beschützen diese Amulette alles, was mit ihnen in Verbindung gebracht wird. Man kann die gleich noch folgenden Keulen ebenfalls hier einordnen.

Hier geht es um die schützende Kraft der Donnerer, wie Perun, Donar, Thor oder Taranis (mehr zu ihnen im Götter-Kapitel). Diese Amulette verbinden mit der Kraft dieser dynamischen, kraftvollen und lebenspraktischen

Götter. Sie sind ein ausgezeichneter Allround-Schutz, können aber auch speziell in Sachen Heilung und für die Fruchtbarkeit eingesetzt werden, dazu gleich noch mehr bei den Keulen.

Keule, Phallus

Wie wir weiter hinten im Buch bei den Göttern noch sehen werden, hatte der dem Thor entsprechende Donar statt eines Hammers eine Keule bei sich und wurde deshalb von den Römern gern mit Herkules gleichgesetzt. Was bei Thors Hammer nur anklingt, ist bei der Donarskeule offensichtlich: der phallische Aspekt. Wir müssen uns dazu vergegenwärtigen, dass der Phallus ein beliebtes Schutzamulett war, genau wie alles, was im weitesten Sinne an die Vulva erinnert, zu ihr kommen wir gleich noch. Den Geschlechtsteilen wurde eine apotropäische, also Unglück abwehrende, Kraft zugesprochen.

Die Römer nannten Abbildungen des erigierten Penis *fascina*, sie wurden an Hauswänden angebracht, als schützendes Amulett getragen oder zum Beispiel in Straßenpflaster und Stadtmauern eingelassen, um zu beschützen und den bösen Blick abzuwehren. Die Logik dahinter ist so simpel wie stimmig: Man guckt automatisch hin. Der böse Blick ist damit von Mensch und Hab und Gut abgewendet.

Von der Donarskeule ist überliefert, dass sie von Frauen als Fruchtbarkeitsamulett getragen wurde. Auch wenn sich ein Großteil der Fruchtbarkeitsmagie mit Göttinnen, weiblichen Energien und Symbolen beschäftigt, war unseren Vorfahren klar, dass es zwei Seiten dazu braucht, und somit kann man auch heute darüber nachdenken, ob man nicht beide Aspekte mit Amuletten abdecken will.

Kauri, Muscheln, Vulva

Zu den männlichen Keulen und Phallussymbolen finden wir die weibliche Entsprechung in Kaurischnecken, Muscheln und Abbildungen der (stilisierten) Vulva, um Negatives abzuschrecken und die Fruchtbarkeit zu fördern. Viele deuten die bekannten Sheela-na-Gig-Figuren an alten Kirchen in diese Richtung. Auch hier gilt wieder: Man schaut hin, das wehrt den bösen Blick ab, wie generell alles, was ein bisschen anrüchig ist oder einen schmunzeln lässt.

Kaurischnecken würde man wohl am ehesten in Afrika verorten, aber durch lebhafte Handelsbeziehungen ließen sie sich auch in unseren Breiten finden und waren gefragte Amulette. So war auch die Jakobsmuschel zuerst einmal die heilige Muschel der Venus und der Aphrodite, bevor sie im christlichen Kontext Jakobus zugesprochen wurde. Es überrascht nicht, dass der Jakobsweg ans Meer und damit direkt zur meerschaumgeborenen Göttin führt. Heute weiß man, dass gerade diese letzte Etappe bereits zur Zeit der Kelten ein Initiationsweg war.

Doch zurück zu unseren weiblichen Amuletten. Sie sind neben allgemeinem Schutz und der Abwehr des bösen Blicks (die unheilvolle Energie des Neids) wunderbar für alle speziell weiblichen Themen geeignet: Menstruation, Kinderwunsch, Schwangerschaft, Geburt, Stillzeit, all die Höhen und Tiefen der Mutterschaft, den Übergang der Wechseljahre und natürlich auch die Zeit als vollendete Frau im Alter. Im Grunde kann frau sie jederzeit bei sich tragen, und in alter Zeit wurden Kauris, Muscheln und symbolische Vulven auch mit ins Grab gegeben, als Schutz für die letzte Reise.

Lunula

Das Wort Lunula bedeutet wörtlich Möndchen und genau das sind diese Amulette auch: kleine Monde, deren Öffnung nach unten zeigt. Man findet das so ähnlich auch im Hufeisen wieder, das mancherorts unbedingt mit der Öffnung nach unten zeigen muss.

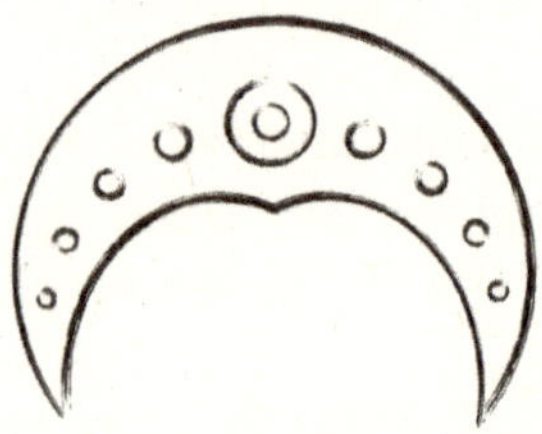

Lunula

Lunulas sind speziell weibliche Amulette und hatten ein weites Verbreitungsgebiet über alle antiken Kulturen hinweg bis hin nach Russland. Sie bringen Frauen Glück, erinnern sie an ihre zyklische Natur und ziehen den Schutz und den Segen der Mondgöttinnen an, wie Diana, Hekate, Selene oder Luna.

Eine Lunula kann jederzeit verwendet werden, um die eigene Weiblichkeit zu stärken, Kinder zu beschützen und sich mit den Energien der Göttin zu verbinden.

Ladas Stern

Ladas Stern wurde mir von einer russischstämmigen Frau so erklärt: Die Grundform ist ein Quadrat, das ist die Situation, wie sie ist. Aber die beiden verschlungenen Ovale überwinden diese starre Form und das ist die Energie von Lada. Man kann über das, was ist, hinauswachsen. Begrenzungen werden überwunden, und das Leben bekommt mehr Facetten, es wird reicher, in gewisser Weise beweglicher, neue Möglichkeiten ergeben sich.

Ladas Stern erinnert in seiner Form natürlich auch an den Jahreskreis mit den vier grundlegenden Punkten der Sonne (die Tagundnachtgleichen und die Sonnenwenden), zwischen denen sie hin und her wandert, was die beiden Ovale andeuten. Alles ist in Bewegung in der Natur und Lada als wohlwollende, liebevolle Göttin wirkt mit daran.

Ladas Stern

Verwende Ladas Stern für alles, was sich weiterentwickeln soll, was mehr Glanz und Glück braucht. Er ist wie eine Art Frühlingskur, zieht Erneuerung und gute Gelegenheiten an und natürlich den Schutz der Göttin Lada (mehr zu ihr im Kapitel »Lebendige Beziehungen zu den Göttern«). Er wird auch gern von Singles verwendet, die eine neue Liebe suchen, besonders wenn sie ernsthafte Absichten haben und jemanden fürs Leben suchen.

Die Rune Algiz

Die Rune Algiz ist ein beliebtes Schutzsymbol, auch bei Leuten, die sich sonst nicht so sehr zur germanischen Tradition hingezogen fühlen. Das hat einen einfachen Grund: Sie wirkt.

Man kann sich Algiz wie einen Blitzableiter vorstellen, diese Rune fängt ein, was an Spannungen und negativen Energien in der Luft liegt, und leitet es ab in die Erde, deren urgewaltige Kraft die negativen Energien unschädlich macht und in ihrem heißen Kern verbrennt.

Algiz erinnert auch an einen Besen. Ich kenne von meiner Oma noch die Grundregel, dass ein Besen nie auf die Borsten gestellt werden darf, sondern immer auf dem Stiel stehen muss, die Borsten zeigen also nach oben. Auf diese Art wird der Besen dann am besten neben die Eingangstür gestellt, wo er die Schwelle schützt. Rein vom Symbol her muss ich bei Algiz immer an das alte Brauchtum rund um den Besen denken, der reinigt, schützt und Negatives fernhält.

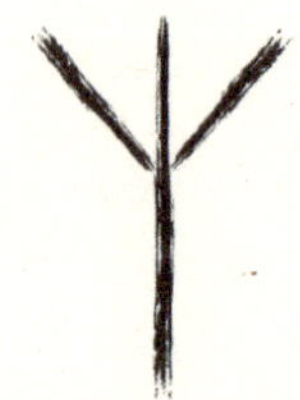

Die Rune Algiz

Verwende Algiz überall, wo du nicht selbst zum Blitzableiter werden willst: bei angespannten Gesprächen, wenn du einen schwierigen Chef hast, wenn es Konflikte in der Familie gibt oder du von Berufs wegen viel mit den Spannungen anderer Leute in Kontakt kommst (wie als Therapeutin, in heilenden und sozialen Berufen, aber auch in jedem anderen Berufsfeld, in dem du die Spannung anderer Menschen abfangen musst).

Rece Boga, die Hände Gottes

Dieses Amulett kommt aus dem slawischen Bereich und besteht aus einem Kreuz, an dessen Enden jeweils ein »Kamm« mit fünf Zinken sitzt: die helfende Hand einer Gottheit mit ihren fünf Fingern.

Es gibt verschiedene Deutungen, viele sehen darin die Kräfte von Svarog (dem himmlischen Schmied, mehr zu den Gottheiten im entsprechenden Kapitel) und Mutter Erde (Mokosch) sowie der Sonne und des Donnerers Perun, der die Menschen beschützt.

Im Grunde ist es ein kosmisches Bild, das wir hier sehen: Von der Mitte ausgehend in alle vier Himmelsrichtungen erstrecken sich die Hände, reichen weit in Himmel und Erde hinein, durchdringen alle Dimensionen und Zeiten. So klein es ist, ist dieses Zeichen ein Symbol des Universums.

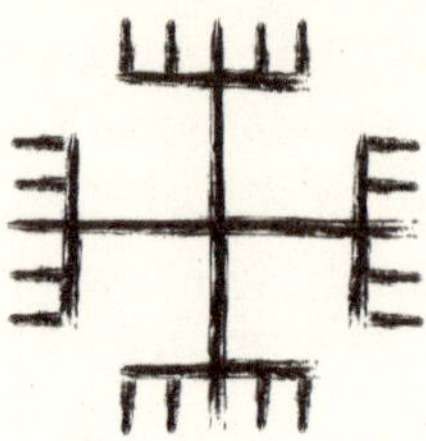

Die Hände Gottes. Oder auch: die Hände der Götter

Es ist auch ein Schutzsymbol der Verbundenheit, von der grundlegenden Energie her den keltischen Knoten nicht unähnlich: Alles ist mit allem verbunden und alles kann mit der Hilfe der Götter erreicht werden. Dieses Amulett unterstützt dabei, die nötige Hilfe von oben oder auch von unten – von der Erdgöttin nämlich – zu bekommen. Du streckst die Hand aus und bittest um Unterstützung.

Dieses Symbol kann für konkrete Anliegen benutzt werden, aber natürlich auch in der spirituellen Arbeit allgemein, um eine gute Verbindung zu den Göttern zu haben. So lässt es sich bei inneren Reisen nutzen, ebenso bei Ritualen, bei denen du die Hände Gottes oder die Hände der Götter mit auf den Altar legen kannst.

Der Alatyr

Alatyr ist der mystische Grundstein der Welt, ein weißer flammender Stein, auf den alles Weitere auf dieser Welt aufbaut. Dieses Symbol ist auch als Stern oder Auge des Schöpfergötter-Paares Rozanica und Rod bekannt. Man findet ihn häufig als Stickerei und natürlich als Anhänger.

Dieser achtfache Stern ist ein Symbol des Universums, das aus einem Punkt entspringt und sich immer weiter ausbreitet. Weil er so umfassend ist, gilt er als *das* Symbol schlechthin, sozusagen die spirituelle Weltformel. Er bringt Gesundheit und Segen, Magie und Lebenskraft als solche. Dieses Symbol kann auch für Schutz auf Reisen verwendet werden und um unser Wissen und unsere Weisheit zu erweitern.

Es ist ein universelles Symbol, das sich nicht einfach so in seiner ganzen Tiefe erschließt. Das braucht eine gewisse Zeit der Meditation. Im Grunde hat es so viele und tiefgehende Dimensionen, dass wir ohnehin nur einen Teil verstehen werden, der Rest übersteigt den menschlichen Geist. Trotzdem kann man sich an diese starken Kräfte der Schöpfung anbinden, wann immer man sie braucht, um selbst kreativ, einfallsreich und in Balance das eigene Leben zu gestalten.

Alatyr

Man kann so vieles zum Alatyr sagen, doch letztendlich muss jeder seinen eigenen Zugang zu diesem Symbol in all seiner Weite finden. Es umfasst die weiblichen und die männlichen Energien der Schöpfung, den Fokus und die Ausdehnung, es ist in gewisser Weise eine Abbildung des sogenannten Urknalls. Ein starkes, schützendes und absolut lebensbejahendes Amulett.

Mokosch

Ähnlich dem Alatyr wird auch Mokosch noch häufig in traditionellen Stickereien dargestellt und ist natürlich ein Symbol der Mokosch selbst: der fruchtbaren Mutter Erde. Als liebevolle und großzügige Mutter beschützt sie alles, was auch uns lieb ist, mit einem speziellen Fokus auf die Familie und das Zuhause. Mokosch bringt eine wunderbare Energie in alle Bereiche der Heilung, seelisch wie körperlich. Sie ist Ruhe, Gelassenheit und Entspannung, sie erdet im wahrsten Sinne des Wortes.

Ihr Amulett ist traditionell ein Schutz- und Segenszeichen für Frauen. In manchen Darstellungen ist es nur ein Kreuz mit einem Punkt in jedem Kreuz-Segment. In aufwendigeren Darstellungen ist es eine stilisierte Frau mit Kopf, Armen und einem weiten Rock, in dem sich ein Symbol des Lebens befindet.

Oft wird sie von kleinen Vögeln begleitet, die ganz ähnlich wie bei der Holle die kleinen Seelchen sind, die durch sie wieder ins Leben gehen: sei das die Seele eines Kindes, eines Grashalmes oder eines Apfelbaums. Hier geht es um jede Form von Leben, um jedes »Kind«, das auf die Welt kommt, sei es Tier, Pflanze oder Mensch.

Mokosch als einfaches Symbol und in seiner klassischen Nutzung für Stickereien

Mokosch beschützt alles Leben, ihr Amulett kann zur Heilung, für die Fruchtbarkeit (in jedem Sinne des Wortes) und das Lebensglück allgemein eingesetzt werden. Im modernen Kontext ist es auch ein Symbol zum Schutz der Erde, du kannst damit arbeiten, wenn du Energien für eine gute Zukunft unseres Planeten bewegen willst und dafür um Mokoschs Hilfe bittest.

Noch zwei generelle Tipps

Bevor wir zu den eigentlichen Schutzzaubern kommen, möchte ich noch zwei Hinweise geben.

Zuerst einmal ist vorbeugen immer besser als heilen. Es gibt ein asiatisches Sprichwort, nach dem es leicht gewesen wäre, das Übel aufzuhalten, als es noch klein war. Natürlich muss man nicht auf jede kleine Unstimmigkeit oder jedes kleine Unwohlsein magisch reagieren. Trotzdem sollte man es im Blick haben, wenn sich etwas grundsätzlich in einer Schieflage befindet, und dann nicht lange warten. Es ist besser, die Energie sofort zu wenden, als abzuwarten, während sich das Übel erst so richtig in einer Situation einnisten kann.

Viele Menschen machen daher auch regelmäßige Reinigungsräucherungen, zum Beispiel zu jedem Neumond, um die Energie klar zu halten. Eine regelmäßige Praxis zu finden ist entscheidend, sie muss gar nicht aufwendig sein, Hauptsache, man arbeitet mit dem entsprechenden Fokus. Es reicht völlig aus, eine Schale Wasser zu segnen und dieses Wasser zu Hause zu versprengen. Die einfachsten Rituale haben ohnehin oft die beste Wirkung, wenn man sie mit Hingabe macht.

Mit Regelmäßigkeit und Verbindlichkeit hat auch der zweite Hinweis zu tun. Wenn du Gottheiten oder Wesenheiten zu deinem Schutz anrufen möchtest, beginne im Idealfall nicht gleich mit der Arbeitsbeziehung, wenn wir es so nennen wollen. Beginne mit der Freundschaft zueinander. Natürlich ist ein Notfall ein Notfall, aber wann immer möglich pflege zuerst die Freundschaft und entwickle eine Beziehung zur jeweiligen Kraft, mit der du arbeitest. Das ist nicht nur höflich, das macht es für beide Seiten leichter, weil es dann bereits bestehende Energiepfade (das lässt sich etwas sperrig in Worte fassen) zwischen euch gibt und ihr bei der späteren Zusammenarbeit nicht bei null anfangt.

Schützende Magie war in alten Zeiten die am meisten verwendete Magie überhaupt. Damals waren Krankheiten, schwere Geburten, Unfälle, Missernten, bewaffnete Konflikte und vieles mehr ein großes Thema im Leben der Menschen, das schnell existenziell in Gefahr geraten konnte. Heute leben wir in unserem Teil der Welt in vielerlei Hinsicht sorgenfreier als früher. Trotzdem kennen auch wir Konflikte, Sorgen und Probleme, und nach wie vor ist die Magie an unserer Seite, um positive Veränderungen energetisch anzustoßen, damit sie sich im echten Leben manifestieren können.

Gegen den bösen Blick

Vor einer Weile befragte mich der Redakteur einer Jugendsendung zum Thema böser Blick, da der Ausdruck »ein Auge machen« in der Jugendkultur beliebt ist. Was ist dieser böse Blick? Kurz gesagt ist es die Kraft des

Neids und der bösen Absicht, die über die Augen an das Opfer geheftet wird. Das kann auch unbewusst passieren, so gilt zu viel Bewunderung ebenfalls als eine Quelle dieser Energie.

Das führt in einigen Regionen Europas bis heute dazu, dass man Babys lobt, indem man sagt, wie hässlich sie seien, damit sie nicht verschrien werden. Im arabischen Umfeld kann es vorkommen, dass einem der Gastgeber das schenkt, was man allzu sehr in seiner Wohnung bewundert. Auch das ist eine Form davon, »den Blick« abzuwenden. Neben dem bösen Blick gibt es übrigens auch den guten Blick, einige Heilsprüche arbeiten damit (mehr dazu in meinem Buch *Heilende Magie*), wenn sie sagen: Zwei böse Augen haben dich verschrien, zwei gute Augen rufen dich zurück.

Als Schutzräucherung gegen den bösen Blick ist Eisenkraut sehr empfehlenswert, achte darauf, dass es echtes Eisenkraut ist, keine Zitronenverbene, die oft unter demselben Namen verkauft wird. Du kannst es auch in einem Säckchen bei dir tragen.

Natürlich sind Augenamulette wie das blaue Nazar eine gute Wahl. Manche finden so etwas zu einfach, aber es wirkt ausgezeichnet, warum sollte man es künstlich kompliziert machen. Man bekommt das Nazar als Schmuck, auf Gegenstände aller Art gedruckt, als Aufhänger für zu Hause und sogar auf Schnullerketten für die Kleinen.

Natürlich kann man auch klassisch wie in der Antike mit Darstellungen einer Vulva (Kaurimuscheln sind hier besonders geeignet) oder eines Phallus arbeiten. Es gibt römische Abbildungen, auf denen ein Phallus ein böses Auge zersägt oder ihm mit einem Samenerguss die Sicht nimmt. Aus heutiger Sicht mag das eine sehr direkte Darstellung sein, doch man hatte in der Antike ein sehr viel gelasseneres Verhältnis zum Körper.

Selbstverständlich kann man entsprechende Darstellungen oder Anhänger auch diskret bei sich tragen, sie wirken auch im Verborgenen.

Störende Nachbarn

Vermutlich hat sich jeder schon einmal von den Nachbarn gestört gefühlt. Da wird mal abends gebohrt oder das Kind hat einen schlechten Tag und man ist in der eigenen Wohnung live dabei. Solche kleinen Alltäglichkeiten meine ich nicht, wenn ich von störenden Nachbarn rede. Hier geht es um Leute, die wirklich Probleme machen. Da das bekanntlich immer die anderen sind, sollte man sich ehrlich an die eigene Nase fassen: Was habe ich zur Situation beigetragen? Gibt es etwas, das ich besser machen kann?

Ist der Rahmen der eigenen Möglichkeiten tatsächlich ausgeschöpft, ist die Hauswurz eine gute Verbündete, um Ruhe in die Situation zu bekommen. Sie wird schon lange in dieser Hinsicht verwendet und kann auf dem Balkon oder gut gesichert draußen auf einem Fensterbrett angepflanzt werden. Sie hat eine enge Verbindung zu Donar, Thor und allen anderen Donnergöttern, man sagt ihr auch nach, dass sie vor Blitzschlag schützt.

Diese Verbindung kannst du natürlich noch weitergehend nutzen und Thors Hammer oder die Donarskeule als Symbol verwenden, um dich zu schützen. Zeichne sie zum Beispiel auf einen Zettel, verbrenne ihn und streue oder tupfe etwas von der Asche auf die Schwelle der betreffenden Nachbarn. Du kannst sie als kleinen Anhänger in die Nähe deiner Eingangstür hängen oder – wenn es ganz diskret sein soll – in deinen Briefkasten legen. Das wirkt besonders gut, wenn der betreffende Nachbar daran vorbeilaufen muss.

Das Verstreuen von weißem Heidekraut hat ebenfalls eine lange Tradition in dieser Sache. Du kannst es natürlich auch anpflanzen, am besten in der Nähe oder zumindest in Richtung des betreffenden Nachbarn. Das bietet sich besonders an, wenn man ein Haus hat.

Aus meiner Erfahrung als Kartenlegerin möchte ich auch noch hinzufügen: Bewahre die Ruhe, lass dich nicht provozieren, egal, wie schwer dir das fällt. Besonders wenn die Sache eine gewisse Dynamik entwickelt hat, es also aktiv zwischen dir und dem betreffenden Nachbarn hin und her geht, ist die einfachste Lösung manchmal die Beste: die eigene Energie rausziehen und den emotionalen Sumpf so trockenlegen.

Pechsträhnen beenden

Es gibt Zeiten, in denen geht einfach alles schief. Nichts will so richtig gelingen, und man kann förmlich zuschauen, wie sich diese Energie in immer mehr Lebensbereiche ausbreitet.

Dann heißt es schnell sein, und eine bewährte Hilfe in dieser Situation ist die aufrechte Eiche. Je nach Jahreszeit verwendest du sie am besten frisch und trägst ein selbst gepflücktes Eichenblatt bei dir.

Du kannst natürlich auch Eichenblätter in Öl oder einen hochprozentigen Alkohol einlegen und hast so jederzeit magische Hilfe.

Die Blätter sind besonders wirkungsvoll, aber wenn gerade Winter ist und es keine andere Möglichkeit gibt, kannst du auch Eichenrinde im Kräuterhandel oder in einer Apotheke kaufen. Im gut sortierten Kräuterhandel bekommt man auch die Tinktur.

Verwende die Eiche möglichst mit Hautkontakt. Ein Blatt kann man in die Kleidung stecken, ganz ähnlich etwas Eichenrinde, und Öle sowie Tinkturen lassen sich ohnehin gut auf die Haut tupfen. Diese Nähe ist hier entscheidend, arbeitest du mit dem starken Geist der Eiche hautnah, entfaltet er die stärkste Wirkung.

Denkbar sind auch Bäder mit dem Sud der Eichenrinde oder – wie gesagt, frische Blätter sind das Optimum – mit Eichenblättern, die im Badewasser schwimmen. Es geht hier nicht um die Menge, es geht um die Energie an sich.

Das Auto schützen

Wenn man sich anschaut, was so alles an den Rückspiegeln der Autos hängt, dann sind sie bereits gut mit Amuletten bestückt. Übrigens keine neue Tradition, zuvor wurden die Pferde mit blinkendem Zaumzeug (wirft alles Negative zurück) oder auch mit Glöckchen und Quasten (vertreiben böse Geister beziehungsweise halten sie auf) geschmückt. Egal, ob Pferd oder Auto, in beiden Fällen geht es um Unabhängigkeit, Flexibilität und natürlich um einen wertvollen Besitz.

Um das Auto zu schützen und sicher zu reisen, deponiere ein kleines Säckchen Wacholderbeeren im Handschuhfach oder hänge es an den Rückspiegel. Du kannst auch immer mal einen Schluck Gin (Wacholderschnaps) auf die Reifen gießen. Wacholder schützt nicht nur, er verbindet auch mit den guten Kräften der Umgebung, mit der Göttin und den Ahnen. In vielen Gegenden der Welt, in denen er verbreitet ist, ist er bis heute *das* Räucherwerk und kommt täglich zum Einsatz. Auch unseren Vorfahren war er heilig.

Schutz auf Reisen und Flügen

Eine der wichtigsten Schutzpflanzen für Reisen trägt das Unterwegssein praktisch schon im Namen: der Beifuß. Früher bedeutete reisen für den Großteil der Menschen, zu Fuß zu gehen, über weite Strecken. Pferde, Wagen oder gar eine Sänfte waren etwas für die Wohlhabenden und Mächtigen.

Daher kommt bis heute die Überzeugung, dass Beifuß dabei hilft, ermüdungsfrei zu laufen, wenn man ein wenig davon in die Schuhe legt. Er ist aber auch allgemein eine große Schutzpflanze für Reisen und kann auch heute noch am Körper getragen oder in die Schuhe gelegt werden, um gut geschützt unterwegs zu sein. Frisch ist er am besten, aber mit getrocknetem Beifuß funktioniert es auch.

Eine weitere geeignete Pflanze ist der Rosmarin, traditionell die Pflanze der Übergänge, weshalb er für die unterschiedlichsten Anliegen zum Einsatz kommt und im Brauchtum fest verwurzelt ist, wann immer man symbolisch oder ganz konkret eine Schwelle überschreitet und sich einem Ziel zuwendet. Trage ihn ebenfalls möglichst frisch am Körper, wenn du reist. Es muss nicht viel sein, ein kleiner Zweig reicht bereits aus. Und natürlich ist auch hier ein Säckchen mit getrocknetem Rosmarin als Alternative möglich.

Schutz für die Lieben auf Reisen

Manchmal möchte man nicht sich selbst schützen, sondern seine Lieben, wenn sie unterwegs sind. Verwende dafür ein Rouelle-Amulett oder eine andere Form des Radamuletts (siehe Amulette), das kann natürlich auch selbst auf ein Stück Papier gezeichnet sein. Lege es auf ein Fensterbrett und stelle eine hellblaue Kerze darauf oder daneben.

Wann immer du Zeit hast, die Kerze zu beaufsichtigen, entzünde sie und denk an die geliebte Person, wünsche ihr Glück, eine gute Reise und eine sichere Heimkehr. Besonders gut ist der Mittwoch dafür geeignet, der Tag des Merkur, der als Götterbote und als wandernder Gott der Verbündete aller Reisenden ist.

Einen (Liebes-)Zauber abschütteln

Grundsätzlich kannst du diesen Zauber nicht nur durchführen, wenn du einen gegen dich gerichteten Liebeszauber vermutest, sondern auch bei jeder anderen Form der Magie. Er ist auch vorbeugend möglich.

Viele Leute wären überrascht, wenn sie wüssten, wie viel im Bereich der Liebe gezaubert wird. Teilweise ordentlich und fair, wenn man gute Entwicklungen ankurbeln möchte, ohne in den freien Willen anderer einzugreifen. Teilweise aber auch ohne Rücksicht auf Verluste, Hauptsache, der andere »liebt« einen, falls man das wirklich Liebe nennen will. Kaum jemand redet darüber, aber es passiert jeden Tag viele Male.

Oft gelingt es nicht so recht, weil die angegriffene Person ein gesundes spirituelles Immunsystem hat, und doch bleibt manchmal etwas zurück, eine Art energetischer Grauschleier, der den betroffenen Menschen umgibt. Das kann beispielsweise dazu führen, dass neue Beziehungen immer wieder im Sand verlaufen oder man sich von einer möglichen neuen Liebe seltsam emotional abgeschnitten fühlt.

Liebeszauber lösen

Diesen Zauber beginnst du am besten kurz vor Neumond, er sollte bis zum exakten Neumond vollständig abgeschlossen sein. Nimm ein frisches Blatt Breitwegerich und trage es einen ganzen Tag und eine ganze Nacht direkt am Körper, also mindestens vierundzwanzig Stunden lang. Bestreue es anschließend mit Salz und lass es über Nacht so liegen, zum Beispiel auf einer Untertasse oder einem kleinen Teller.

Fülle am nächsten Morgen das Salz und das Breitwegerich-Blatt in eine Tüte und wirf sie in einen Mülleimer, der möglichst weit von deinem Zuhause entfernt ist. Geh dann weiter, ohne dich noch einmal umzudrehen.

Kleine Kinder beschützen

In alter Zeit (wobei man sagen muss, dass dieses Brauchtum vor einhundertzwanzig Jahren zumindest im ländlichen Raum noch lebendig war) wurden kleinen Kindern oftmals Knoblauchzehen umgehängt, um sie zu schützen. Heute ist das nicht mehr so praktikabel, man kann den

Knoblauch aber auch über das Bett eines Kindes hängen oder neben ein Foto legen.

Kräuter zum Schutz am Bett aufzuhängen ist ein Klassiker in unserer heimischen Magie. Dabei tun sich ganz besonders die Kamille, der Weißdorn und die Schafgarbe hervor. Sie sind neben dem allgemeinen Schutz auch eine gute Hilfe bei Albträumen. Am besten hängt man sie in einem weißen Säckchen auf oder als kleines Sträußchen direkt neben das Bett. Natürlich kann man für unterwegs auch ein Kräutersäckchen in den Kinderwagen legen.

Du kannst es auch noch mit schützenden Symbolen besticken (ideal ist zum Beispiel das Symbol von Mokosch, du findest es ein paar Seiten weiter vorn). Ich kenne eine Mutter, die ihren Kindern die Rune Algiz (ebenfalls weiter vorn im Buch) an unauffälligen Stellen in die Kleidung stickt – auch eine schöne Variante.

Früher, als man die Kleidung meist selbst genäht hat, hat man bei Kindern oft ein Hosenbein oder einen Ärmel auf links angenäht, um die bösen Geister zu verwirren. Heute kann man ganz ähnlich zum Beispiel eine Socke verkehrt herum anziehen, wenn man gerade ein Extraquäntchen Glück braucht.

Größere Kinder schützen und beflügeln

Bei größeren Kindern geht es einerseits um den Schutz, aber natürlich auch darum, sie zu beflügeln. Nimm dafür eine gute Prise Alant und einen gelben Stein – Bernstein wäre ideal, aber es geht auch jeder andere Stein. Gib dazu einen goldfarbenen Gegenstand, es kann auch eine Münze sein. Verschnüre diese drei Dinge in einem gelben Säckchen und leg es ins Wäschefach des Kindes. Wenn dein Kind für solche Dinge aufgeschlossen ist, kannst du ihm das Glücksbeutelchen auch mitgeben, zum Beispiel für die Tasche oder den Schulranzen.

In schwierigen Zeiten

Wenn die Familie gerade eine angespannte Zeit durchmacht, hilft der folgende Zauber. Er hat eine lange Tradition und wird jeweils sonntags ausgeführt, so lange bis die Spannungen überwunden sind.

Für bessere Zeiten

Nimm für jedes Familienmitglied ein Ei und lege sie zusammen in eine Schale. Wenn du den Zauber noch verstärken willst, stecke frische Rosmarinzweige zwischen die Eier. Lass sie so eine Woche stehen und erneuere alles jeweils am nächsten Sonntag, bis es leichter wird und die Spannungen nachlassen. Wirf die benutzten Eier auf den Kompost oder in ein fließendes Gewässer.

Ein negatives Zuhause reinigen

Manchmal stimmt irgendwas nicht zu Hause. Man kann es oft nicht direkt benennen, irgendwie hat sich die Energie verschoben, man kann sich nicht so gut entspannen wie sonst oder hat das Gefühl, da schwebt eine graue Wolke im Raum, bildlich ausgedrückt. In meinem Buch zur Hausreinigung gehe ich ausführlich auf alle Möglichkeiten in diesem Bereich ein. Für eine (starke) erste Hilfe kannst du die folgenden Reinigungsrituale nutzen.

In einfachen bis mittelschweren Fällen räuchere mit Quendel oder Thymian, jeden Tag früh und abends, danach gut lüften. Natürlich geht auch Thymianöl in der Duftlampe oder im Diffuser, wenn du nicht räuchern möchtest.

Sieht die Situation schon schwieriger aus, räuchere mit den weißen trockenen Schalen des Knoblauchs. Sie bewirken stark und zuverlässig einen Wandel der Energie in den Räumen. Auch hier hinterher das Lüften nicht vergessen.

Bei allen Reinigungsräucherungen kannst du nach der Reinigung noch etwas Gutes hinzufügen. Räuchere dann zuerst mit den reinigenden Zutaten, lüfte danach wie gesagt gut durch und räuchere noch einmal mit Basilikum, um die Energie in der Wohnung anzuheben. Auch danach wird noch einmal gelüftet und dann ist das reinigende Ritual beendet.

Ist die Stimmung sehr drückend, macht man dieses Ritual am besten früh und abends, ansonsten kann man es einmal täglich anwenden und dann langsam auf einmal wöchentlich gehen, bis sich alles normalisiert hat.

Viele Menschen wünschen sich bei Schwierigkeiten feste Regeln, eine Art Ablaufplan – aber jede Situation ist anders und vor allem: Dein Gefühl sagt dir sehr genau, wo du gerade stehst. Dafür brauchst du keine besonderen Begabungen, jeder Mensch kann intuitiv sagen, ob sich eine Wohnung gerade angenehm anfühlt oder nicht.

Klatsch und Tratsch

Es gibt zwei Sorten von Tratscherei. Die eine ist nicht nett, aber im Grunde harmlos: »Hast du schon gehört …?« Man redet so daher, weiß im Grunde selbst, dass es nebensächlich ist, aber für den Moment muss es einfach mal raus. So weit, so menschlich.

Die zweite Sorte Tratsch ist ein anderes Kaliber, dabei wird nicht einfach so geratscht, sondern es ist eine Intention damit verbunden. Es werden Halbwahrheiten, direkte Lügen oder zumindest Übertreibungen eingestreut, um ein bestimmtes Ziel zu erreichen. Während sich der harmlose Klatsch erledigt hat, nachdem er ausgetauscht wurde, und – wie die Psychologie nachgewiesen hat – im Grunde nur ein soziales Dampfablassen ist, soll der bösartige Klatsch einer Person schaden.

Eine alte Zauberpflanze gegen negative Einflüsse dieser Art ist der Baldrian. Ein Ritual damit kann folgendermaßen aussehen:

Klatsch und Tratsch bannen

Nimm ein Taschentuch und leg etwas Baldrianwurzel darauf. Idealerweise kurz vor Neumond, aber wenn in der Sache Eile geboten ist, kannst du es zu jedem notwendigen Zeitpunkt machen.

Schreib auf einen blauen Zettel mit einem silbernen Stift oder silberner Tusche den folgenden Spruch:

Böses Wort löst sich auf in der Weite des Himmels
Wie Wolken ziehen die Worte weg

Ohne Substanz
Der Himmel ist klar und rein

Leg diesen Zettel zum Baldrian und verknote das Taschentuch zu einem Päckchen. Bewahre es an einem ruhigen Ort in der Wohnung auf. Baldrian hat einen starken Geruch, leg es also nicht unbedingt in den Wäscheschrank, und pass mit Katzen auf, sie finden ihn unwiderstehlich und würden sich dein Päckchen zum Spielzeug machen.

Wenn sich die Situation gelöst hast, übergib den Baldrian der Erde, zerreiße den Zettel zu kleinem Konfetti und blase es in den Wind.

In der Volksmagie wird traditionell auch die Klette verwendet, wenn es darum geht, Klatsch und Tratsch zu bannen. Aber nicht nur das, die Klette kommt ganz speziell dann zum Einsatz, wenn die Wahrheit ans Licht kommen soll. Man verwendet sie also besser nur, wenn man ein reines Gewissen in der Sache hat.

Früher hat man einfach eine Klette an die Kleidung der betreffenden Person geheftet und den Dingen ihren Lauf gelassen. Ist das nicht möglich, kann man ein Symbol für die betreffende Person (oder mehrere von ihnen, bei Mobbing ist selten nur einer beteiligt) verwenden. Das kann zum Beispiel ein kleiner dunkler Stein sein, je einfacher und klarer, desto besser.

Klatsch und Tratsch bannen – eine Variante

Leg den Stein oder ein anderes Symbol, das du passend findest, zusammen mit der Klette für mindestens vierundzwanzig Stunden in eine Schachtel. Bring den Stein dann zurück in die Natur und verbrenne die Klette. Puste die Asche und die Überreste der Klette in den Wind. So wie sie sich verflüchtigen, verflüchtigt sich auch die negative Energie.

Allgemeiner Schutz, ganz altmodisch

Früher waren die Leute sehr pragmatisch, es ging bei Zaubern nicht darum, das größte oder ausgefallenste Ritual zu zelebrieren, sondern schlicht darum, dass es wirkt. Eine uralte Technik dabei ist das Bannen in den Schatten.

Geh dafür mit einem Stock ins Freie und such dir eine Stelle mit nicht zu hartem Untergrund. Sprich laut aus, was du bannen möchtest. Es sollte klar und konkret formuliert sein, keine komplizierten Sätze, keine lange Ansprache. Bring einfach auf den Punkt, was du loslassen willst.

Wenn es gesagt ist, steck den Stock in deinen Schatten und geh weiter, ohne dich noch einmal umzudrehen. Am besten machst du dieses Ritual an einer Stelle, an der du nicht oft oder normalerweise gar nicht vorbeikommst, damit du nicht in Versuchung kommst, nach dem Stock zu schauen, wenn du wieder dort vorbeikommst.

Unliebsame Besucher fernhalten

Wir haben den Knoblauch schon beim Schutz für kleine Kinder kennengelernt und die Räucherung seiner weißen Schalen gegen Negatives angewendet. Knoblauch, Zwiebeln und Co. werden in der heimischen Volksmagie vielfältig und ausgesprochen gern verwendet, wenn es darum geht, Negatives in jeder Form in die Schranken zu weisen und zu beschützen, was man liebt.

Für diesen alten Zauber gegen unliebsame Besucher nimmt man eine frische Knoblauchzehe und schneidet sie in der Mitte durch. Mit der Schnittfläche reibt man einen kleinen Spiegel ein und stellt ihn so auf, dass er in Richtung der Eingangstür zeigt. Das kann gegebenenfalls auch hinter einer Schranktür oder verborgen in einer kleinen Schachtel sein. Wichtig ist nur, dass er zur Eingangstür zeigt.

Ebenso traditionell sind die Zwiebelzöpfe, die man bis heute als Dekoration zu kaufen bekommt. Sie sind im Brauchtum natürlich viel mehr als nur Deko, sondern ein Schutzamulett für das Haus und all seine Bewohner. Ein Zwiebelzopf kann neben der Eingangstür oder in der Küche aufgehängt werden. Da er nicht ungewöhnlich ist, wird kaum jemand die Magie dahinter vermuten. Das ist die Ironie dabei, denn ursprünglich kommen Zwiebelzöpfe aus der Magie, besonders wenn sie extra dekoriert wurden. Du kannst nämlich ganz nach persönlichem Empfinden auch noch zusätzliche schützende und hilfreiche Symbole oder Pflanzenteile in den Zwiebelzopf hineinstecken.

Schutz für Haustiere

Traditionell ist der Mittsommer die beste Zeit, um Haustiere zu schützen. In der Zeit vom 20. bis 24. Juni kannst du vorbeugend einen Zauber anwenden. Das Datum der Sommersonnenwende für das jeweilige Jahr lässt sich im Internet herausfinden, in der volkstümlichen Praxis wird gern der Johannistag (24. Juni) verwendet. Man hat also freie Wahl. Große kosmische Ereignisse, wie die Sonnenwenden und auch die Tagundnachtgleichen, ziehen sich energetisch immer über mehrere Tage, sodass man den besten Tag für sich wählen kann.

Tiere vorbeugend schützen

Nimm möglichst frisches Johanniskraut und mach einen kleinen Besen daraus. Ist kein Johanniskraut zu finden, kannst du auch Beifuß verwenden, den gibt es so gut wie überall. Streiche mit dem kleinen Besen dann über das Tier und sieh dabei vor deinem inneren Auge, wie du alles Negative von ihm wegstreichst.

Früher wurden Tiere (und auch Menschen) zu solchen Festtagen auch durch Kränze aus schützenden Kräutern hindurchbewegt, aber das ist nicht immer praktikabel. Ich möchte jedenfalls nicht wissen, wie meine Hände und Arme aussehen würden, sollte ich das bei unserer Katze versuchen. Mit einem kleinen Kräuterbesen sanft über das Tier zu streichen, ist hingegen fast immer möglich und eine stressfreie Alternative für alle.

Im Akutfall

Nimm Gundermann und Rotklee, am besten frisch, es geht aber auch getrocknet. Du kannst auch nur mit einem der beiden Kräuter arbeiten, wenn sich das andere gerade nicht auftreiben lässt. Übergieße eine Handvoll mit kochendem Wasser und lass den Tee etwa zehn Minuten ziehen. Seihe die Kräuter danach ab und lass den Tee abkühlen. Streiche ihn nun sanft mit den Fingerspitzen in das Haar deines Tieres. Es muss nicht nass werden, ein sanfter Hauch im Fell reicht bereits. In der Magie geht es um die Substanzen an sich, nicht um ihre Menge.

Ist das so nicht machbar, weil du das Tier in einer schwierigen Situation nicht stören möchtest, binde die Kräuter in ein rotes Säckchen und leg es möglichst nahe an das Tier heran.

Ein größeres Grundstück schützen

In Beratungen wird immer wieder die Bitte an mich herangetragen, größere Grundstücke zu schützen. Ich habe den folgenden Zauber dafür anfangs unter Vorbehalt weitergegeben, aber nachdem die Leute durchweg sehr zufrieden waren, sollte er ruhig bekannter werden. Er ist in ähnlicher Art in der Zigeunermagie bekannt, an dieser Stelle gebe ich jedoch unsere einheimische Variante weiter.

Grund und Boden schützen

Stell einen roten Ziegel in jede Ecke des Grundstücks. Wenn es wirklich sehr groß ist, kannst du auch mehr Ziegel verwenden und an den Grundstücksgrenzen verteilen. Vorher musst du allerdings darauf urinieren, das ist der kleine heikle Teil an der Sache.

Den Rückmeldungen meiner Kundinnen und Kunden nach funktioniert es wunderbar und ist die kleine Überwindung mehr als wert. Hier sind wir natürlich in einem sehr archaischen Bereich der Magie, in dem man ziemlich wortwörtlich sein Revier markiert. Vielleicht funktioniert es genau deshalb so gut. Nachdem sich dieses Buch mit der heimischen Magie befasst, müssen wir der Tatsache ins Auge sehen, dass diese oft rustikal war.

Gesundheit und Wohlbefinden stärken

Die Gesundheit ist mit das Wichtigste im Leben. Kein Wunder also, dass es seit Jahrtausenden magische Rituale und vielfältige Zauber gibt, um Mensch und Tier gesund zu erhalten und das Wohlbefinden zu stärken. In diesem Kapitel findest du zahlreiche Anregungen aus unserer heimischen Magie.

Schlechte Angewohnheiten loswerden

Eines vorab: Jeder Mensch hat ein Laster oder vielleicht auch zwei – und das ist völlig in Ordnung. In Zeiten ungebremster Selbstoptimierung muss man diese Anmerkung einem Zauber dieser Kategorie vorausschicken.

Der berühmte Spruch von Paracelsus mit der Menge und dem Gift wird oft falsch zitiert, in Wirklichkeit heißt es: Es macht die Menge, dass etwas *kein* Gift ist. Oder anders gesagt: Alles kann zum Gift werden, auch das scheinbar Gesunde, wenn man es übertreibt. Nicht wenige weibliche Fitnessgurus und ihre eifrigen Anhängerinnen haben beispielsweise keinen Zyklus mehr und sind sport- und ernährungsbedingt unfruchtbar. So gesehen sind übermäßiger Sport und eine überengagierte Ernährung ihre schlechten Angewohnheiten. Jede rundliche Frau mit normalem Zyklus ist gesünder als sie. Wir dürfen Schönheitstrends nicht mit Gesundheit gleichsetzen.

Das ist nur ein Beispiel unter vielen, aber so etwas muss man sich in der heutigen Zeit vergegenwärtigen, um einen klaren Kopf zu behalten und herauszufinden, was wirklich ungünstige Gewohnheiten sind.

Unsere Volksmagie verwendet die Kamille, wenn es darum geht, schlechte Angewohnheiten loszuwerden. Als Sonnenpflänzchen hilft sie dabei, das Leben positiv zu sehen und nicht einen etwaigen Verlust zu bedauern, sondern zu sehen, was man in der Sache gewinnt. Sie entspannt zudem sanft, aber wirkungsvoll die Nerven, ohne müde zu machen. Traditionell trinkt man besonders in den ersten beiden Wochen einer Umstellung zwei bis drei Tassen Kamillentee pro Tag.

Wenn es um größere Veränderungen geht, kannst du in dieser Zeit zusätzlich einen Amethyst bei dir tragen, möglichst direkt auf der Haut. Er ist ein Schutzstein und wurde seit der Antike über das Mittelalter bis in die Neuzeit hinein gegen »Gifte aller Art« eingesetzt. Eine schlechte Angewohnheit ist auch so ein (schleichendes) Gift, wobei gesagt werden muss, dass eine Verringerung bereits ein Erfolg ist. Viele sind ein wenig verbissen, wenn es um solche Themen geht. Für sie gibt es nur alles oder nichts. Aber so funktioniert das Leben normalerweise nicht. Ich denke, es geht vor allem darum, dass man anfängt und in Schwung kommt. Ändert man auch nur ein Viertel, ist dieser Bereich schon mal um 25 Prozent besser als zuvor. Sogar diese kleinere Änderung wird gute Auswirkungen haben. Jeder Schritt zählt und ist wertvoll.

Kinderwunsch

Beim Thema Kinderwunsch kennt sich unsere heimische Magie bestens aus. Er war zu allen Zeiten ein Thema. Und es ist auch ein Ammenmärchen, dass Frauen erst heutzutage recht spät Kinder bekommen. Gerade in der alten Zeit musste man vielerorts amtlich vorweisen können, dass man genug Besitz hat, um überhaupt heiraten zu dürfen. Für Knechte und Mägde sah es daher generell schlecht aus mit dem Wunsch nach einer Familie. Genau wie heute musste man auch früher erst einmal etwas auf die Beine stellen und konnte erst dann eine Familie gründen.

In alten Geburtsregistern sieht man zudem, dass die Frauen in der Zeit vor der modernen Verhütung etwa mit dreiundvierzig Jahren ihr letztes Kind bekommen haben. Sie waren damals aber deutlich schlechter ernährt, Winter bedeutete noch, wirklich zu frieren, und es wurde körperlich hart gearbeitet.

Wenn sich heute beide Partner bewusst ernähren, ausreichend bewegen und den alltäglichen Stress immer mal mit Entspannungsmethoden und Lebensfreude abschütteln, so gut es geht, dann ist vieles möglich. Zusätzlich können die folgenden Zauber helfen, die Dinge zu beschwingen.

Für Mann und Frau

Nach alter Tradition sollen Männer für ihre Zeugungsfähigkeit Walnüsse essen und Frauen Haselnüsse. Natürlich keine halbe Tüte am Tag, viel wichtiger als schnelle Aktionen ist die Regelmäßigkeit. Eine gute Zahl ist in diesem Zusammenhang die magische Neun, also neun Nüsse jeden Tag.

Generell nutzt die Volksmagie und auch die Volksheilkunde die offensichtliche Analogie, dass Samen, Nüsse und alles, woraus neues Leben entsteht (Eier zum Beispiel) auch im Menschen die Entstehung von neuem Leben fördern. In einem Samenkorn steckt bereits die ganze Pflanze, es ist – so gesehen – tatsächlich mit einer Art Superkraft ausgestattet. Und diese Superkraft kann man nutzen, um neues Leben anzuregen. Spare also nicht mit Sonnenblumenkernen, Kürbiskernen, Weizenkeimen, Nüssen, Sesamsamen und dergleichen in deiner Ernährung.

Ein alter Fruchtbarkeitszauber

Rolle ein Ei über deinen Bauch, das du anschließend kochst und isst.

Gerade solche einfachen Zauber zeigen immer wieder die besten Ergebnisse. Man sollte sie nicht übersehen, nur weil sie »zu leicht« umsetzbar sind. Die Magie rund ums Ei ist in vielen Teilen der Welt bis heute sehr lebendig, und das wäre sie nicht, wenn sie keine Ergebnisse zeigen würde. Bei uns war sie zumindest noch vor hundert Jahren sehr lebendig.

Eine alte Analogie zwischen menschlicher Fruchtbarkeit und der Göttin, die den Regen bringt und das Land mit fruchtbarem Wasser segnet, nutzt der folgende Zauber:

Für den Segen der Fruchtbarkeit

Fange Regenwasser auf, wann auch immer es geht, und schütte es in dein Badewasser. Das regt die Fruchtbarkeit an und verbindet dich unmittelbar mit der Kraft der Elemente und der Göttin.

Aphrodisiaka

Es gibt fast nichts, was in der heimischen Magie nicht für die Sinnlichkeit genutzt wurde: Mineralien und Edelsteine, Fossilien, Kräuter und mehr oder weniger appetitliche Rezepturen mit tierischen Bestandteilen oder menschlichen Flüssigkeiten. Die folgenden Rezepte bleiben im grünen Bereich, was das betrifft. So gut wie alle Aphrodisiaka sind wie nebenbei stimmungsaufhellend und stresslösend (sonst ist an Sinnlichkeit auch nicht zu denken) und damit nicht nur für die Liebe, sondern auch generell in angespannten Zeiten eine gute Idee.

Seit dem Mittelalter und der Klostergärten-Kultur ist Koriander als Liebeskraut auch in unseren Breiten nicht mehr wegzudenken. Man verwendet die Samen als Zutat im Essen, in Wein eingelegt und gekaut, um in Stimmung zu kommen. Auch als Räucherwerk oder ätherisches Öl kann Koriander zum Einsatz kommen.

Wie so oft bei Kräutern wirkt eine regelmäßige kleine Dosis besser als der sporadische Einsatz, der auf Knopfdruck Ergebnisse bringen soll. Gleichzeitig setzt eine Daueranwendung irgendwann nicht mehr den nötigen Reiz, sodass man am besten in der Mitte bleibt und zum Beispiel über zwei bis vier Wochen eine bewusste Kur macht und danach eine Pause.

Auch der Lavendel hat eine lange Tradition als Aphrodisiakum, besonders in Verbindung mit Süßspeisen und Gebäck. Bei ihm liegt der Fokus ganz klar auf der Entspannung, die zur Sinnlichkeit führt. Es gibt Tees, Kapseln und Tabletten, aber warum nicht einmal Muffins, Kekse oder andere süße Versuchungen mit ein wenig Lavendel abrunden? Natürlich kann man ihn auch in der Duftlampe oder als Räucherwerk verwenden.

Als dritte Pflanze im Bunde ist der Anis zu nennen, der früher auch gern als Likör verwendet wurde, um im Schlafzimmer für Schwung zu sorgen. Man kann ihn natürlich auch als Tee, Räucherwerk oder das ätherische Öl in der Duftpflanze verwenden.

Rot ist die Farbe der Liebe und somit werden alle roten Steine in der Volksmagie zur Verführung eingesetzt, ganz besonders der Granat. In den alten Rezepten werden oft Rubine genannt, das ist heute aber wenig praktikabel. Für eine gute Wirkung braucht man einen möglichst reinen Stein. Vieles, was als Edelstein verkauft wird, ist aber eher Muttergestein, das nur einen Hauch des eigentlichen Edelsteins enthält. Wirklich gute Rubine sind durchsichtig, das gilt auch für viele andere Steine. Kann man nicht hindurchsehen, ist es keine gute Qualität. Doch auch bei durchsichtigen Steinen ist man noch keinen Schritt weiter, denn unbearbeitete, natürliche Rubine sind sehr selten und haben den Gegenwert eines Mittelklassewagens. Von der romantischen Vorstellung des Rubins als Stein der Liebe müssen wir uns daher möglicherweise verabschieden.

Aber es gibt zum Glück noch mehr Liebessteine. Den Karneol zum Beispiel. Er trägt das lateinische Wort *carne* für »Fleisch« in sich und ist damit nicht nur ein ausgezeichneter Heilstein, sondern auch für Sinnlichkeit und »Fleischeslust« eine sehr gute Wahl. Je tiefer sein Rot ist, desto besser. Man trägt ihn am besten direkt auf der Haut.

Der für die Liebe oft verwendete Rosenquarz ist für sexuelle Ziele übrigens nicht so gut geeignet. Er ist sanft, romantisch und hat diese zarte Energie, die zum Anstacheln der Leidenschaft nicht unbedingt geeignet ist.

In einer kurzen Krise neue Kraft finden

In vielen Teilen Deutschlands und darüber hinaus in Europa wurde Merkur verehrt, oft auch vermischt mit lokalen Gottheiten (mehr dazu im Kapitel zu den Göttern). Die Tradition des Merkur ist seit der Antike ungebrochen lebendig, auch wenn sie zahlreiche Verwandlungen erfahren hat, was bei diesem gewitzten, wandelbaren Gott nicht überraschend ist. In der Renaissance tauchte er beispielsweise trotz kirchlicher Zensur als Hermes Trismegistos in den Büchern der Gelehrten wieder auf. Hermes und Merkur werden oft gleichgesetzt, wobei man Merkur etwas mehr Geschäftsmäßigkeit zuschreibt (in keltischen Gebieten wurde er oft mit überfließendem Geldsäckchen dargestellt) und Hermes von der Grundtendenz her etwas mehr in die geistige Tiefe geht. Merkur ist der ideale Gott, um einen Wandel herbeizuführen und die Dinge in Schwung zu bringen.

Neuer Schwung

Dieser Zauber wird am besten an einem Mittwoch ausgeführt. Nimm eine Kerze in Pastellfarben, traditionell sind Hellblau oder helles Zitronengelb üblich. Zeichne mit einem spitzen Gegenstand das Zeichen des Merkur hinein, wie du es auf der Abbildung siehst. Salbe die Kerze anschließend mit einem neutralen Basisöl, beispielsweise Sonnenblumenöl, in das du zuvor etwas Fenchelpulver gegeben hast. Du kannst auch Fenchelsamen im Mörser zusammen mit dem Öl zerstoßen oder ätherisches Fenchelöl verwenden.

Leg dann acht Haselnüsse um die Kerze herum und entzünde sie. Sprich in klaren Worten aus, wo der Schuh drückt, und bitte um eine gute Lösung des Problems.

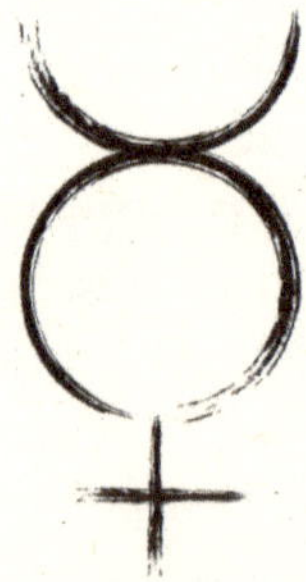

Das Symbol des Merkur

Ein wichtiges Detail dabei: Leg die Lösung nicht selbst fest. Gerade wenn man mit Merkur arbeitet, kommen die Lösungen oft aus überraschenden Richtungen, die man so gar nicht erwartet hätte. Wir sind so gesehen nur kleine Menschen und sehen nicht das ganze Bild, all die möglichen Verflechtungen, die uns helfen können. Diesen Job darf man den Göttern überlassen, sie sehen mehr.

Wenn Probleme länger andauern

Für innere Stabilität und die nötige Standfestigkeit, um ein längerfristiges Problem zu überwinden, ist im wahrsten Sinne des Wortes die Erde eine gute Ansprechpartnerin. Du kannst allgemein mit der Energie der Erde arbeiten oder spezifischer mit Göttinnen wie der germanischen Erda oder der slawischen Mokosch (mehr dazu im Kapitel zu den Göttern).

Für längerfristige Themen ist es eine gute Idee, einen festen Platz für die magische Arbeit damit einzurichten. Ein kleiner Altar ist ein Fokuspunkt, an den man immer wieder zurückkehren kann, um in Kontakt zu treten und sich neue Kraft zu holen. Wobei du die Größe natürlich ganz nach deinen Möglichkeiten und Wünschen gestalten kannst. Von der Fläche einer Serviette bis zur Oberfläche eines ganzen Sideboards ist alles möglich, du kannst der Sache auch einen eigenen Tisch widmen.

Neue Kraft in herausfordernden Zeiten

Erschaffe dir einen Erd-Altar. In die Mitte kommt ein Symbol für Erda, Mokosch oder die Erde. Das kann eine getöpferte üppig weibliche Figur sein, ein besonders schöner Stein oder eine Topfpflanze. Erda oder auch Mokosch ist die Erde. Alles, was mit ihr zusammenhängt, bringt dich automatisch in Kontakt mit ihr.

Versammle drumherum alles, was dir passend erscheint. Für manche sind das unterschiedliche Steine, man kann auch Wurzeln, Hörner oder Hufrasseln dazunehmen. In der Stadt kannst du kleine Steine in deiner Gegend und der Nähe deines Wohnhauses sammeln. Natürlich ist auch eine gute Schippe Gartenerde denkbar, und wer einen Garten oder Balkon hat, kann dort eine Ecke oder einen Blumenkasten dem Thema widmen und den Erd-Altar dort einrichten.

Ein Stein, der seit der Antike für Standhaftigkeit und Ausdauer steht, ist der Hämatit. Du kannst ihn für diesen Zauber als Ring, Anhänger oder Hosentaschenstein verwenden. Leg ihn über Nacht auf deinen Erd-Altar und nimm ihn am Morgen wieder an dich, wenn du in den Tag startest.

Verändere und pflege deinen Erd-Altar, wie es sich richtig anfühlt, so etwas kann und darf kreativ und wandelbar sein. Damit belebst du diesen Platz immer wieder neu. Nur das eigentliche Ritual bleibt immer gleich: Den Hämatit am Abend dort ablegen und ab dem Morgen wieder bei sich tragen.

Schutz und Segen in aussichtslos scheinenden Situationen

Manchmal gibt es Situationen, in denen man einfach nichts mehr an der Richtung einer Entwicklung ändern kann. Vielleicht ist jemand unheilbar erkrankt, vielleicht muss man sich eingestehen, dass eine Insolvenz unausweichlich ist, oder eine Ehe geht unwiederbringlich in die Brüche. Man kann nichts am Verlauf der Dinge ändern, aber das bedeutet zum Glück nicht, dass man nichts tun kann.

Wir verstehen Rituale heute oft als eine Möglichkeit, die Dinge zum Positiven zu beeinflussen, und das können sie natürlich auch sein. Rituale gehen aber noch viel weiter, sie können auch eine Hilfe und Stütze sein, wenn sich an den Umständen nichts ändern lässt. Es ist nicht unwichtig, *wie* wir durch eine Krise und schwere Zeiten hindurchkommen.

In solchen Zeiten kannst du dich an die Nornen wenden, die Schicksalsfeen oder das Schicksal. Wende dich an die Kraft, die bei dir innerlich ein Glöckchen klingeln lässt, bei der du eine Resonanz spürst. Ich verwende im Folgenden den Begriff Nornen, damit sind aber auch alle anderen Schicksalskräfte gemeint, mit denen du arbeiten kannst.

Die Nornen sind mächtige, ehrwürdige Kräfte. Mächtiger noch als die Götter, deren Schicksal sie ebenfalls weben und bestimmen. Manche Fäden in unserem Leben weben sie straff, diesen Dingen können wir nicht entgehen. Manche Fäden sind locker und beweglich, diese Fäden können wir nehmen und so verflechten, wie es uns gefällt.

Dein Schicksalsgeflecht

Nimm für diesen Zauber rote Wolle, sie kann auch mehrfarbig rot sein, beispielsweise pink, rot und orange, das sieht besonders schön aus. Ganz einfaches Rot geht natürlich auch. Nimm vier Äste, ideal wären typische Weltbäume wie die Esche, die Eiche, die Lärche oder die Birke. Es geht aber auch jede andere Form von Zweig oder Ast, auch kleine Bambusstangen, wie man sie in Blumentöpfen verwendet.

Binde die Äste wie einen Rahmen zusammen, sodass sich in etwa ein Quadrat ergibt. Das kann die Größe eines Notizzettels haben, es kann aber auch ein großes Geflecht sein, das einen Quadratmeter umspannt. Du kannst jederzeit nacharbeiten, wenn sich dein Empfinden verändert, dies ist ein dynamisches Ritual, das immer weiterwächst und nicht mit einem Mal abgeschlossen ist.

Nun verwebst du die rote Wolle in diesem Rahmen zu einem Geflecht. Mach das nach Gefühl, es geht nicht darum, wie es optisch aussieht, sondern dass du mit den Kräften der Nornen in Verbindung kommst. Die Magie liegt im Tun.

Wenn dein Geflecht fertig ist, kannst du es samt Rahmen aufhängen oder an eine passende Stelle legen. Wann immer du magst, hänge Symbole, Wunschzettel oder auch offizielle Papiere, Diagnosen oder Ähnliches hinein. Du kannst dazu aussprechen, was du denkst und fühlst, du kannst aber auch ganz ruhig sein, wenn es so für dich stimmiger ist.

Dein Tun muss nicht »heilig« sein, du befindest dich gerade in einer Krise, da dürfen dich auch mal die Emotionen übermannen. Es sollte einfach ehrlich sein. Wenn du zum Beispiel die ersten zehn Tage lang all deinen Kummer und Frust aussprichst, ist das auch in Ordnung. Du musst für diesen Zauber nichts darstellen, nichts krampfhaft ins Positive ziehen, im Gegenteil: Er hilft dir dabei, das Unabwendbare so stehen zu lassen, wie es ist, und trotzdem hindurchzugehen.

Dieses Ritual ist eine Kommunikation mit den Schicksalskräften des Lebens über Symbole. In schweren Zeiten ist einem nicht immer nach Reden zumute, manchmal lässt es sich auch gar nicht in Worten ausdrücken – und dann können die Hände reden, indem sie die Verbindung zu den spirituellen Kräften herstellen.

Jederzeit kannst du neue Dinge hineinflechten, andere Dinge wieder herausnehmen und dabei möglichst intuitiv vorgehen. Wie gesagt, das ist kein »heiliges« Ritual, sondern ein ehrliches. Du sprichst mit den Nornen, mit Worten, aber auch mit den Händen durch das, was sie tun.

Du kannst diesen Zauber so lange weiterführen, wie du möchtest. Manche wandeln ihn nach einer Weile ab, wenn es leichter wird, und flechten nach der schwierigsten Zeit ein neues Geflecht. Manche lassen es nach einer Zeit los und nehmen alles wieder auseinander. Wichtig ist nur, dass dich dein Schicksalsgeflecht über diese Zeit hinwegträgt.

Wettermagie

In Zeiten des Klimawandels ist Wettermagie wieder aktuell. Bei uns, muss man dazusagen. In anderen Gegenden der Welt, die auch bisher schon vom Klima nicht begünstigt waren, hat sie nie an Wichtigkeit verloren.

Natürlich muss man realistisch bleiben. Es wäre fantastisch, wenn man sich einfach das passende Wetter für Freizeit und Landwirtschaft herbeizaubern könnte, aber so einfach ist das nicht. Wie in allen Bereichen der Magie stehen wir vor komplexen Verflechtungen, über die man nicht einfach mit einem Zauberspruch hinwegregieren kann. Trotzdem kann man magisch – wie in allen Dingen – natürlich auch mit den Kräften des Wetters kommunizieren.

Ein paar alte Traditionen habe ich an dieser Stelle zusammengefasst. Generell gilt: Je mehr Leute mitmachen, desto wirkungsvoller wird es. Jeder kennt das Phänomen, dass gerade bei magischen Zusammenkünften das Wetter zuvor noch stürmisch ist, sich für das Ritual beruhigt und hinterher schüttet es wieder wie aus Kübeln. Gemeinsam bewegt man einfach mehr.

Im Grunde gehören alle Frühlingsrituale, mit denen man die Sonne herbeilockt und die Kräfte der Natur zum Sprießen anregt, bereits zur Wettermagie. Die Übergänge sind da durchaus fließend. Regen ruft man ganz traditionell mit Wasser, das über ein junges Mädchen oder eine Frau geschüttet wird. Die Analogie dahinter ist klar: Das Weibliche, Mutter Erde, soll nun auch Wasser abbekommen, genau wie die Frau.

Solche Zauber lassen sich bis ins 20. Jahrhundert hinein auch bei uns finden, und wenn nichts dran wäre, wären sie sicher schon früher im Lauf der Zeit verschwunden. Einen Versuch ist es wert, und man kann daraus eine fröhliche Party machen, bei der sich alle gegenseitig mit Wasser bespritzen.

Traditionell ist auch der Kamm ein Symbol für Regen: Hält man ihn mit den Zinken nach unten, symbolisiert er das Wasser, das aus den Wolken zu Boden fällt. Wenn du einen Garten hast, hänge Kämme in einen Baum, am besten den Holunder (Frau Holle hat eine intensive Beziehung zum Wetter) oder eine Eiche (die den Donner- und Wettergöttern heilig ist). Im Zweifelsfall tut es aber auch jeder andere Baum.

Die angesprochenen Donnergötter (siehe auch das Kapitel zu den Göttern) wurden generell gern um Unterstützung gebeten. Wer Sturm und Hagel bringt, kann sie auch zurückhalten. Bedrohen Gewitter die Ernte, die noch einzubringen ist, oder braucht der Boden dringend Regen, sind sie ebenfalls gute Ansprechpartner. Dazu wurde in alter Zeit mit einem Hammer auf feste Steine geschlagen, bis die Funken flogen (wer das heute nachmachen möchte, sollte mindestens seine Augen mit einer entsprechenden Schutzbrille schützen). Du kannst auch ein typisches Symbol der Donnergötter (Hammer, Keule, Rad) verwenden, es auf ein Stück Papier zeichnen, deinen Wunsch dazuschreiben und diesen Zettel unter freiem Himmel aufhängen.

Die Möglichkeiten sind vielfältig, und wenn möglich, dann führt man Wetterzauber am besten zu Voll- oder Neumond aus, weil dann das Wetter leichter umschlägt als zu anderen Zeiten.

Lebendige Beziehungen zu den Göttern

In der Antike herrschte keine spirituelle Monokultur, die Menschen fühlten sich oft mehreren Gottheiten verbunden. Diese Beziehungen wurden ganz privat daheim gepflegt, in großen und kleinen Tempeln in den Ortschaften sowie in Heiligtümern oder an heiligen Orten der Gottheiten in der Natur. Auch gemeinschaftliche Riten, Prozessionen und Umzüge waren beliebt, viele (heute christianisierte) Feste lassen sich auf diese alten Traditionen zurückführen, vom Karnevalsumzug bis zum Osterfeuer, vom Flurumritt bis zum Krach, den man zusammen in der Silvesternacht macht, um böse Geister zu vertreiben.

Heute kann es gerade zu Beginn eine Herausforderung sein, für sich individuell herauszufinden, wer die verbündeten Kräfte sind, an die man sich persönlich wenden kann. Da sind Informationen hilfreich, man beliest sich, man tauscht sich mit anderen aus. Diese erste Etappe des Weges geht über den Kopf, man schafft sich ein rationales Verständnis.

Das ist natürlich kein einseitiger Weg. Nicht nur wir suchen die Göttinnen und Götter, sie kommen auch auf uns zu. Es ergeben sich bedeutungsvolle Zufälle, man vernimmt einen inneren Ruf, man »verliebt« sich in eine Gottheit, die einem fortan viel bedeutet. Die Informationen bleiben wichtig, aber die Liebe tritt in den Vordergrund. Das ist der Punkt, an dem die Beziehung zu einer Gottheit greifbar wird.

Manchmal geht es auch anders herum: Eine Gottheit taucht wie aus dem Nichts auf, und man macht sich nach diesem überraschenden Kontakt auf die Suche nach weiterführenden Informationen zu ihr. Eine authentische und echte Beziehung zu einer Gottheit wird von Liebe geprägt, man fühlt sich angezogen und spürt direkte Rückmeldungen.

Manchmal ist so eine Beziehung dauerhaft, manchmal gibt es sie nur in bestimmten Phasen, und viele Menschen haben das, was ich »grundsätzliche Gottheiten« nenne. Sie sind manchmal jahrelang nicht spürbar, treten im Alltag oft zurück, aber wenn es hart auf hart kommt oder wenn wichtige Entwicklungsschritte zu machen sind, stehen sie plötzlich wieder an ihrer Seite, und da ist sofort wieder dieses vertraute Gefühl, als wären sie nie weg gewesen.

Gottheiten sind nicht immer das, was in schlauen Büchern steht. Sie haben natürlich alle ihre eigene Frequenz, ihre Vibration, ihre ureigene Farbe. Mars wird in dem, was er tut, entschlossen sein, Venus wird es liebevoll und verspielt angehen. Mokosch ist mütterlich, Lada ist die fröhliche Frühlingshafte. Veles hat diese erdige Tiefe, aber auch eine sehr sinnliche Energie, während Odin immer von einer geheimnisvollen Aura umgeben ist. Das ist also die Art, *wie* sie etwas machen. Aber *was* sie machen, ist nicht begrenzt. Mars wurde beispielsweise im keltischen Gebiet auch als heilende Gottheit verehrt, dieses Aufgabengebiet würde man heute kaum mit ihm in Verbindung bringen.

Anders gesagt: Wenn es um ein bestimmtes Anliegen geht, schau zuerst bei den Gottheiten, zu denen du bereits eine Verbindung hast, ob dir nicht eine von ihnen helfen kann. Das ist besser als mit einer völlig neuen Gottheit anzufangen, nur weil sie »für das Thema zuständig« ist, während du selbst gar nichts mit ihr anfangen kannst und keine Verbindung spürst.

Verbindungen sind übrigens freiwillig. In der Antike gab es nicht diese Angst vor dem strafenden Vatergott, die danach aufkam. Man kann Kontakte ablehnen oder aufschieben, wenn gerade nicht die richtige Zeit ist. Man darf auch nach dem römischen Prinzip *do ut des* (»Ich gebe, damit du gibst«) herausfinden, ob die Verbindung beiderseitig ist. Kommt keine Rückmeldung auf Geschenke und Kontaktversuche, besteht auch kein Interesse »von oben«.

Die Praxis des *ex voto* (von dem sich die bis heute gebräuchlichen *Votiv*kerzen ableiten) ist ebenfalls möglich. Dafür bittet man eine Gottheit um Hilfe und bietet ihr etwas Angemessenes dafür an. Wenn sie das Anliegen unterstützt hat, gibt man im Gegenzug das Versprochene.

Heute mag dieses Vorgehen erst einmal befremdlich erscheinen, aber das ist es nur, wenn man Gottheiten nicht als Partner betrachtet, sondern als Wesen, vor denen man grundsätzlich nichts zu sagen hat. So ist es aber nicht. Unsere Stimme zählt auch, und es ist völlig in Ordnung, sie zu erheben und sich selbst und die eigenen Vorstellungen mit einzubringen.

Ein paar Gedanken zu Beginn

Wir sitzen hier in der Mitte Europas bildlich gesprochen auf einem riesengroßen Berg der Zeiten und Kulturen. Bunt gemischt schimmern sie noch immer hier und da im Brauchtum und in Traditionen durch und sei es nur in Gestalt des Welten-, oh natürlich: des Weihnachtsbaums, den man sich zur Wintersonnenwende, besser bekannt als Weihnachten, in die Wohnung holt. Und auch das Wort Weih-nachten ist bei näherer Betrachtung magisch, die »geweihten Nächte«, da schwingt einiges mit, wenn man es auf sich wirken lässt.

Die Arbeit mit Gottheiten ist eine sehr individuelle und persönliche Angelegenheit. In meinen Kursen sehe ich immer wieder, dass der Start und der Weg auf diesem Gebiet so vielfältig sind wie die Menschen selbst. Für einige steht zu Beginn die Frage: Wie kann ich kleiner Mensch mit den Göttern kommunizieren? Ist das nicht anmaßend? Sind sie nicht eine Nummer zu groß? Warum sollten sie gerade mit mir reden wollen? Nun: Warum nicht? Sie haben es über all die Jahrtausende getan, mit ganz normalen Menschen, wie du und ich es eben sind.

Oft steht auch die Frage im Raum: Vermenschlichen wir die Götter nicht, nehmen wir ihnen nicht die Kraft, wenn wir sie uns als menschliche Wesen vorstellen? Das ist eine wichtige Frage. Ist Venus die Liebliche mit dem kleinen Amor im Gefolge? Ist Isis die mit dem kräftigen Lidstrich und den ausgebreiteten Schwingen? Schleudert Thor den Hammer, und sitzt Frau Holle in Federbetten aus Wolken?

Auch andere Traditionen befassen sich mit diesen Fragen und haben Antworten darauf gefunden, die uns als Wiederanknüpfern an die alten Wege eine Inspiration sein können. So zum Beispiel im Voodoo, wo die Gottheiten auch als Mystères bezeichnet werden, als Mysterien. In dieser Tradition zeigen sich die Gottheiten ebenfalls sehr konkret und haben ganz bestimmte Symbole, traditionelle Kleidungsstücke und Verhaltensweisen, wenn sie durch einen Priester hindurch zu den Gläubigen sprechen. Und trotzdem gibt es da diesen Hinweis: Sie sind die Mystères, sie sind mehr als das Sichtbare. Jede Wesenheit ist ein Mysterium, eine Energie. Wie eine bestimmte Farbe oder ein Ton, der auf einer ganz bestimmten Frequenz schwingt.

Alle Darstellungen und Symbole sind Gesichter, die es uns leichter machen, den Einstieg in ihre Energien zu finden. Sie machen es aber auch den Göttern leichter, uns zu finden. Unsere Anliegen schweben dann nicht mehr im Ungewissen, sondern richten sich an eine ganz bestimmte Adresse. Das entwickelt eine andere Kraft als allgemeine Bitten nach »da draußen«.

Noch zu Goethes Zeiten sagte man, dass jeder Mann seinen Genius (Geist) und jede Frau ihre Juno (die Göttin) hat. Da schwingt eine enge Verbindung zu denen »da oben« mit, man kennt das ganz ähnlich in manchen afrikanischen Traditionen, in denen jeder Mensch sein Ori hat – sein Schicksal, seinen eigenen kleinen Gott, der vergleichbar mit einem Schutzengel (aber auch der Bestimmung) durchs Leben führt. Wenn man so denkt, bleiben die Gottheiten nicht irgendwo hoch oben im Himmel, sondern sind ganz reale Kräfte, die man ansprechen kann und darf. Viele Menschen haben anfangs Bedenken, sich an Götter zu wenden, aber Menschen haben seit Anbeginn der Zeit mit den großen Kräften des Lebens kommuniziert – und sie waren nicht anders gebaut als wir.

Man erkennt Gottheiten an ihren Auswirkungen, sie sind genauso Teil des großen Spiels wie wir selbst. Ihnen stehen größere Möglichkeiten zur Verfügung und doch bleiben sie ihren ganz individuellen Eigenarten stets treu. Das führt uns zu einem wichtigen, abschließenden Punkt in diesen Vorbemerkungen, bevor wir uns an die Praxis wagen, und dieser Punkt ist für viele anfangs schwierig: Die Götter sind nicht perfekt. Viele erwarten, dass sie – wo sie nun schon Götter sind – erhaben über allem schweben und vollkommene Wesen sind. Aber das können sie gar nicht sein, denn sie sind Teil der Natur, und die Natur ist nun mal nicht perfekt. Die Idee von Perfektion in ihrem heutigen Ausmaß ist eine recht neue Idee, die sich in vielen Kulturen nicht durchgesetzt hat, und das mit gutem Grund. In der Natur gibt es viele verschiedene Kräfte, die miteinander und auch gegeneinander wirken, was in den Mythen der Welt gespiegelt wird. Die menschliche Vorstellung von Gottheiten stammt aus der genauen Beobachtung der Natur. Das war niemals etwas Abstraktes oder Überhöhtes, man hat einfach hingesehen, was ist. Diese Beobachtungen wurden dann durch Geschichten, Lieder und Erzählungen verdeutlicht und in einen menschlichen Kontext gebracht.

Wenn zum Beispiel eine Liebesgöttin wie Aphrodite einfach nicht treu sein kann, ist das keine Charakterschwäche, sondern ein Teil ihrer Natur. Sie ist die Kraft, die neues Leben anregt, und diese Kraft wirkt auf vielen Ebenen, sie darf sich gar nicht beschränken, sonst würde das Leben selbst beschränkt. Sie ist die Sehnsucht des Lebens nach sich selbst – so eine Kraft kann in amourösen Dingen nicht lange untätig sein oder sich nur in eine Richtung binden.

Je nach vorherrschender Kultur wurden und werden diese Eigenschaften bewertet, im Fall von Aphrodite von sinnlich und fruchtbar bis hin zu untreu und nicht vertrauenswürdig. All das sind aber nur kulturell übergestülpte Wertungen, und es ist wichtig, sich das in der Arbeit mit Gottheiten immer wieder klarzumachen und ihrer eigentlichen Essenz nachzuspüren. Eine Gottheit kümmert sich um diese Wertungen genauso wenig, wie sich Aphrodite in den Mythen um das Gerede der anderen schert. Sie ist einfach, was sie ist.

Einen Altar einrichten

Diese Kraft braucht einen Ort, an dem sie ankommen und mit uns kommunizieren kann. Was in jedem asiatischen Restaurant Pflicht ist, nämlich ein kleiner Schrein, fällt einigen westlichen Suchenden schwer.

Vor einer Weile unterhielt ich mich mit einer Lehrerin einer Mysterientradition, und sie meinte: »Du glaubst gar nicht, wie viele Menschen seit vielen Jahren auf dem spirituellen Weg sind und keinen Altar haben. Sie machen in ihrem Leben – ganz wörtlich – keinen Platz für das Göttliche. Ist das nicht schade?«

Als moderne, aufgeklärte Menschen neigen wir dazu, alte Traditionen zu belächeln. Brauchen wir diese kindlichen Dinge wirklich noch? (Ich überspitze jetzt mal bewusst.) Sind wir darüber nicht schon hinaus und können kraft unserer Bewusstheit ohne materielle Anker arbeiten?

Bleiben wir in diesem Bild, dann sehen wir: Ohne Anker treibt ein Schiff schnell orientierungslos auf hoher See, hin und her geworfen von den Wellen. Genauso sieht der spirituelle Weg vieler Menschen auch aus. Heute das eine, morgen das andere. Es gibt ständig neue Ziele, aber keinen Heimathafen.

Ein Altar als sichtbarer Ort der spirituellen Verbindung hat schon vielen Menschen geholfen, die Dinge zu ordnen und sich selbst auf die Spur zu kommen: Wer bin ich? Welche Themen spielen eine wichtige Rolle bei mir? Wer »da oben« passt zu mir? Oder umgekehrt: Die Energie welcher Wesenheiten bringe ich in die Welt ein (weil sie meinem Naturell entsprechen), und wie kann ich diese natürlicherweise bestehende Verbindung stärken?

Ein Altar ist – bildlich gesprochen – das Gesicht einer oder mehrerer Energien. Er ist wie eine Tür oder ein Einstieg, ein Übergangsort. Dort trifft sich das Weltliche mit dem Spirituellen.

Feinfühlige Menschen merken sofort, wie sich ein Raum verändert, wenn ein Altar darin steht. Je länger man ihn pflegt, desto kraftvoller wird er. Gleichzeitig muss ein Altar lebendig bleiben, er braucht Input, wie Kerzen, neue Dekorationen, Räucherwerk, Blumen und dergleichen mehr. Manchmal sogar einen kleinen Umzug, wenn man spürt, dass ein anderer Ort jetzt geeigneter wäre. Wie alles andere muss auch ein Altar immer wieder gereinigt und erneuert werden.

Diese Auffrischung der Energie kennt man in vielen Teilen der Welt. In Japan gibt es sogar einen bedeutenden Schrein, der alle zwanzig Jahre neu errichtet wird – seit über eintausenddreihundert Jahren. Der Gedanke dahinter ist die Frische und Reinheit, die von dieser Erneuerung ausgeht und die Energie des Schreins klar erhält.

Im Kleinen kennen das auch viele Praktiker bei uns. Manchmal hat man den Impuls, einen Altar völlig neu zu gestalten, ihn an einen anderen Ort zu versetzen oder andere Schwerpunkte darauf zu platzieren. Folge diesen Impulsen, sie bewirken, dass die Energie frisch und authentisch fließt. Ein Altar ist kein statischer Ort, an dem alles für immer gleich bleiben muss.

Zur Gestaltung empfiehlt sich eine Mischung aus traditionellen Korrespondenzen und eigenen Impulsen. So kann ein Venusaltar mit Venusmuscheln geschmückt werden, ein Altar von Freyr mit der Darstellung eines Ebers und ein Altar von Bel mit Sonnen- und Lichtsymbolen. Vieles ergibt sich wie von selbst aus den Dingen, die natürlicherweise zu einer Gottheit und den Dingen, für die sie steht, passen.

Zusätzlich bekommt man von den Gottheiten oft kleine Winke, was sie sich wünschen würden. Man hat plötzlich diese Idee, an die man vorher noch gar nicht gedacht hatte ... Auf einmal sieht man etwas, das perfekt passen würde, es ergeben sich Zufälle und unerwartete Wendungen und man weiß: Das ist es, das gehört auch noch dazu.

Manchmal merkt man auch umgekehrt: Das war lange Zeit gut, aber jetzt hat es keine Kraft mehr, diese Zeit ist vorüber. Dann kann man diese Dinge respektvoll vom Altar nehmen und anderweitig verwenden oder der Natur übergeben, wenn sie natürlichen Ursprungs sind.

Die bunte Götterwelt unserer Vorfahren

Wie schon erwähnt waren Isis, Medusa oder Mercurius und viele andere keine Unbekannten für unsere Vorfahren. Trotzdem denken wir meist an die Germanen und die Kelten, wenn es um die alten Götter in unserer Region geht. Es ist also eine gute Idee, das Blickfeld zu erweitern und sich die gelebte Vielfältigkeit und das Miteinander der unterschiedlichsten Kulte in den alten Zeiten zu vergegenwärtigen.

Die teilweise weitreichenden römischen Einflüsse fallen, genau wie die slawischen, bei dieser Betrachtungsweise oft unter den Tisch. Die germanischen Wikinger hatten zum Beispiel ein Einflussgebiet bis weit nach Russland hinein, das heute oft mit der slawischen Kultur gleichgesetzt wird. Doch ein norwegischer Wikingerfund aus Hon beinhaltete auch griechische und arabische Schätze. Auch auf Rügen fanden sich arabische Münzen. Wir dürfen die weitreichenden Handelsbeziehungen der Zeit nicht unterschätzen und damit auch nicht die Vielfalt der Ideen, die transportiert wurden. Im schwedischen Helgö kam ein überaus erstaunliches, faszinierendes Sammelsurium von Kostbarkeiten in nur einem Fund zusammen: ein kleiner Bronze-Buddha aus Indien, eine koptische Kelle, baltischer Schmuck, römische Spielsteine und ein irischer Krummstab, allesamt an einem Ort versammelt. Deutschland liegt mitten in Europa, hier ist jeder mal durchgekommen, Vielfalt und Austausch liegen praktisch in unserer DNA.

Neben dieser Vielfalt der äußeren Einflüsse gab es auch »intern« sehr unterschiedliche Wege. Viele Gottheiten wurden lokal verehrt. Wir haben heute oft so ein Bild von großen Gottheiten, die überall gleich wichtig waren. Es gab aber auch viele Göttinnen und Götter vor Ort. Das erinnert an die japanischen Traditionen, wo bis heute zum Beispiel Berge, Flüsse oder bestimmte Plätze zu ganz bestimmten Gottheiten und Wesenheiten (*kami*) gehören, die genau dort verehrt werden.

Die keltische Danu war beispielsweise die Göttin der Donau, der keltische Heil- und Sonnengott Mogon war die Stadtgottheit von Mainz, der lateinische Stadtname Mogontiacum leitete sich von ihm ab. Bedaius war der Gott des Chiemsees, Abnoba die Göttin des Schwarzwaldes. Er hieß in der Antike *abnoba mons*, die Berge der Abnoba. Oft finden sich nur noch Fragmente für einzelne Orte, und doch zeigen diese Fragmente, welche Vielfalt es im Großen gegeben haben muss, bevor das Thema Religion den Anstrich einer Monokultur bekam. Ich sage bewusst »den Anstrich«, denn in so manchem Heiligen und so mancher Madonna lebten die alten Götter munter weiter, wie wir zum Beispiel bei Brigid noch sehen werden.

Die Menschen hatten persönliche Beziehungen zu den Gottheiten, und das sollte auch unser Leitmotiv sein. Man kann vieles in Büchern nachlesen, man kann im Internet recherchieren, und der heutige Wissensstand ist sicher nicht der gleiche wie der in zehn Jahren. Zumal auch Forschung von Forschungsgeldern und vielem mehr abhängt, also nicht immer so neutral oder ausgewogen gewichtet ist, wie man das gern hätte. Ein Bekannter von mir ist Archäologe und erzählte mir oft, wie vieles in diesem Bereich mehr an Projekten und Fördertöpfen als an wissenschaftlichen Gesichtspunkten hängt.

Wir haben zum Glück unsere eigene Wissenschaft: die Erfahrungswissenschaft der Magie. Wir setzen im Grunde genau da wieder an, wo auch unsere Vorfahren begonnen haben: bei der Beobachtung der Natur und ihrer vielfältigen Wirkungen. Auch ein heutiger Mensch würde bei ausreichend meditativer Betrachtung auf Kräfte wie Freya, Isis oder Veles kommen. Er würde ihnen vermutlich nicht genau diese Namen geben, aber er würde im

Wirken der Natur erkennen, welche Kraft wann und wo auf ihre ganz eigene Weise wirkt und die Dinge bewegt. Wenn wir uns heute an die alten Götter wenden, bedeutet das, dass wir das Rad nicht neu erfinden müssen. Wir können die Erfahrungen unserer Vorfahren aufgreifen und in der Gegenwart neu beleben, auf unsere eigene Art.

Dabei ist es hilfreich, das kirchliche Denken, das sich unterschwellig manchmal einschleicht, abzulegen. Es gab in den alten Zeiten keine festen Regeln, die von einer zentralen Stelle allen Tempeln vorgeschrieben wurden. Jeder Tempel hat so gehandelt, wie sich seine Tradition entwickelt hat, in enger Absprache mit den Göttern.

Andere Kulturen können uns eine Inspiration sein, wie das gehen kann. In Brasilien werden zum Beispiel die Orixá verehrt, ursprünglich westafrikanische Gottheiten. Ihre Priesterinnen und Priester gründen bei entsprechender Berufung ein sogenanntes Haus, das einem Tempel entspricht. Dort werden die Orixá ihren Traditionen gemäß verehrt. Die Meeresmutter Yemanjá wird beispielsweise in allen Häusern ihre klassischen Farben Weiß, Blau und Silber haben. Aber wie man sie genau feiert, kann sich in vielen Details unterscheiden.

Ganz ähnlich wird bei uns ein Ritual zu Ehren von Brigid ihre heiligen Elemente Wasser und Feuer enthalten, dazu meist auch die Farbe Grün, um ihre Verbundenheit zur Natur auszudrücken. Feurige Gottheiten wie Thor bringt man automatisch mit der Farbe Rot in Verbindung. Eine Göttin wie Freya kann durch ihre Verbindung zu Bernsteinen und Gold mit gelben Farbtönen geehrt werden.

Meist ergeben sich diese Dinge wie von selbst aus Mythen und den Einflussbereichen der Gottheiten. Persönliche Eingebungen haben aber immer das stärkere Gewicht. Wenn du beispielsweise mit Isis arbeiten möchtest, denkst du vermutlich an die Farben Gold und Blau, die man oft mit der ägyptischen Tradition in Verbindung bringt. Während der Vorbereitung bekommst du dann vielleicht die Ansage: Bitte gestalte meinen Altar in Orange. Isis ist eine Göttin, die uns generell sehr nahe kommt und klare Botschaften sendet. In diesem Fall beziehst du natürlich die Farbe Orange mit ein.

Ein zweiter wichtiger Punkt ursprünglich kirchlichen Denkens ist die Vorstellung eines reinen Pantheons, das man verehren muss. Also zum Beispiel nur keltische Gottheiten, nur germanische und so weiter. Vielen ist gar nicht bewusst, dass die Idee eines reinen Weges, der alle anderen ausschließt, sehr abrahamitisch ist. Natürlich kann man diese Entscheidung für sich treffen, nichts spricht dagegen. Und doch ist es gut, sich zu vergegenwärtigen, dass unsere Vorfahren in spirituellen Dingen sehr aufgeschlossen waren. Was funktioniert hat, setzte sich durch. Bunte Mischungen waren die Regel und nicht die Ausnahme. Beziehungen zu Gottheiten sind ohnehin individuell und werden mit wachsender Erfahrung immer mehr vom persönlichen Austausch geprägt und immer weniger von Büchern oder äußeren Informationen.

In einer tiefen Meditation unterhielt ich mich einmal mit Thot über die Frage, wie ich seine Zeichen im Alltag erkennen kann, denn Ibisse (sein heiliges Tier) laufen einem hierzulande nicht über den Weg. Als Antwort bekam ich zu hören: »Ich bin längst da.« Und in diesem Moment landete eine Krähe auf dem Fensterbrett. Damit war klar, dass diese klugen Tiere für uns ein Zeichen der Verbindung sein können, es werden vor Ort keine Ibisse benötigt. Es wird sich kein Lexikon finden, das Thot die Krähe zuordnet, und doch haben wir so einen Weg gefunden, wie ich reale Zeichen empfangen kann, und für unsere Breitengrade ist die kluge Krähe tatsächlich der stimmige Vogel für einen Weisheitsgott.

In die folgende Auswahl von Gottheiten habe ich diejenigen aufgenommen, die auch heute noch gut ansprechbar sind und vielen Menschen eine Rückmeldung geben. Von manchen Gottheiten kennt man heute zwar noch die Namen von einzelnen Weihesteinen, doch sie scheinen über die vielen Jahre der Ruhe eingeschlafen zu sein. Was nicht bedeutet, dass Einzelne nicht doch in Kontakt zu ihnen gehen können. Aber für den Start ist es gut, mit aktiven Gottheiten zu beginnen.

Selbstverständlich enthält die folgende Liste nicht alle Gottheiten, das wäre nicht möglich, da wir sie gar nicht alle kennen und auch die, die wir kennen, den Umfang dieses Buches sprengen würden. Recherchiere zusätzlich zu deinem Wohnort oder deiner Region, wenn es dich zur Arbeit mit lokalen Gottheiten zieht. Vor allem aber ist es wichtig, dieses Thema nicht zu verkopft anzugehen. Arbeite mit den Gottheiten, zu denen du wirklich eine Verbindung spürst, wo dieser besondere Funke da ist. Für rational geprägte Menschen kann es verlockend sein, sich anhand von Beschreibungen die passende Gottheit auszusuchen, aber so kommt oft kein echter Kontakt zustande. Das Bauchgefühl ist in diesen Sachen dem Kopf überlegen.

Meine Beschreibungen der Gottheiten stammen aus der alltäglichen Praxis, ich möchte dir keine lexikalischen Beiträge mitgeben, sondern versuchen, ein Gefühl zu wecken für das, was diese Gottheiten im Hier und Jetzt sein können. Natürlich können sie noch viel mehr sein, zu jeder und jedem von ihnen könnte man ein ganzes Buch schreiben und wäre damit noch lange nicht fertig. Es geht mir also um einen Eindruck ihrer Essenz, und wenn du eine Resonanz zu einer der Gottheiten verspürst, nimm den Faden auf, schau, wo er hinführt, und wenn sich mehr dabei entwickelt, vertiefe die Verbindung.

Göttinnen

Artio

Artio ist eine keltische Bärengöttin. Die Verehrung des Bären finden wir immer wieder im keltischen Zusammenhang, so geht auch der Name von König Artus mit seiner gleichnamigen Sage auf die Silbe *art* zurück, die »Bär« bedeutet. Artus wird als »Bärenkrieger« oder »der Bärenmann« gedeutet, was an schamanische Bezüge denken lässt.

Heiligtümer der Artio wurden in der Schweiz, aber zum Beispiel auch in Trier gefunden, was auf ein weites Verbreitungsgebiet dieser Göttin schließen lässt. Bären waren damals noch bei uns heimisch, das dürfen wir nicht vergessen. Bärinnen sind Beschützerinnen der Frauen und Kinder, sie behüten die Schwangerschaft und sorgen auch generell für das Wohlbefinden.

Rufe Artio, wenn du ein dickes Fell brauchst, wenn Erholung ein wichtiges Thema ist (wie beim Winterschlaf der Bären) und wenn du dich und deine Kinder beschützen willst. Natürlich können sich auch Männer an sie wenden.

In Bern wurde eine antike Bronzefigur gefunden, die mit »Artio« beschriftet war und eine Frau zeigt, die einem übergroßen Bären Früchte anbietet. Daran lässt sich auch heute gut anknüpfen, Früchte, Nüsse und Leckereien mit Honig weiß Artio zu schätzen.

Auch wenn uns das in unserer Überflussgesellschaft oft nicht klar ist, gehören Lebensmittel zu den kostbarsten Opfergaben. Manchen erscheinen sie zu profan, aber Gold und Münzen kann niemand essen, davon kann niemand leben. Hab also keine Scheu, den Göttern scheinbar profane Früchte, Getränke oder auch Getreide zu schenken, es gibt nichts, das kostbarer wäre.

Parallelen zu anderen Bärengöttinnen sind gegeben. So war Ursula (auch: Horsel, Orsel, im Deutschen: Urschel) eine Göttin, die mit dem Sternbild des Kleinen Bären in Verbindung gebracht wurde. Dieses Sternbild ist deshalb so wichtig, weil es den Polarstern enthält, also die Achse, um die das gesamte Himmelszelt aus unserem Blickwinkel kreist. Dieser Stern gilt als wichtiger Bestandteil der schamanischen Weltachse, die ihn wie die zentrale Stange eines Zeltes durchstößt und zu noch höheren Welten führt.

Bertha, Percht, Frau Holle, Holda, Frau Gode

Die Namen mögen regional verschieden sein, die Essenz dieser Göttinnen ist dieselbe: Sie sind die ursprüngliche und wilde Kraft des Lebens. Ihr Brauchtum hat sich lange gehalten, auch wenn den Menschen heute oft nicht mehr bewusst ist, warum sie bestimmte Dinge tun. Das wurde mir klar, als meine Schwiegermutter während der Rauhnächte meinte, dass sie die Wäsche in den Trockner tut, denn aufhängen soll man sie ja nicht in dieser Zeit. Sie kannte weder den Begriff Rauhnächte, noch hat sie irgendeine Verbindung zur Holle und dem Brauchtum der

Ein Kraftort, um gute und schützende Energien in deine Wohnräume und in dein Leben zu bringen. Seine wesentlichen Bausteine sind ein Zentrum (hier eine Stele von Bastet, der ägyptischen Göttin der Lebensfreude), zwei Kerzen, eine Schale mit Wasser, ein Altarstein (hier ein Lapislazuli), sowie eine Glocke, Klangschale oder Rassel.

Eine rote Kerze, ein Bergkristall und getrocknete Schlüsselblumenblüten: Dies sind die Zutaten für einen Zauber, um das eigene Bewusstsein neu auszurichten und die Sicht auf die Dinge so zu verändern, dass sich neue, gute Wege auftun (s.S. 27).

Wer kennt sie nicht – Kollegen, die einem regelmäßig den letzten Nerv rauben … Probier doch mal diesen Zauber, um mit ihnen endlich ein harmonisches Verhältnis aufzubauen. Alles, was du dafür brauchst, sind ein Bergkristall, ein schwarzer Stein und ein Zweig Salbei (s.S. 51).

Einer der zahlreichen Kinderwunsch-Zauber, die die heimische Magie bereithält (s.S. 115): Haselnüsse sollen die Fruchtbarkeit der Frau stärken, Walnüsse die Zeugungsfähigkeit des Mannes. Man kann dieses Ritual auch noch mit weiteren Korrespondenzen, wie z.B. magischen Steinen in Form von Geschlechtsorganen, unterstützen.

Den sinnlichen Naturgott Freyr kannst du für alle Dinge zurate ziehen, die gedeihen oder neu entstehen sollen. Auch in Sachen Liebe ist er ein guter Ansprechpartner – ebenso wie Freya. Die ganz besondere Energie dieser freien, eigenwilligen und durchaus humorvollen Göttin kann auch dabei helfen, sich aus festgefahrenen Situationen zu befreien.

Der berühmte Donnergott Thor steht für mächtige Energien und ist den Menschen durchaus zugewandt. Wer Schutz und Hilfe braucht, ist bei ihm goldrichtig. Doch Vorsicht: Er ist ziemlich handfest und direkt und nimmt bei seinen Ratschlägen kein Blatt vor den Mund …

Die Eiche ist ein echter Kraftbaum, wenn es darum geht, Probleme in Angriff zu nehmen, Lösungen zu finden und Erfolg zu fördern. Nicht ohne Grund ist sie der Baum der mächtigen Donnergötter, die zupackend und tatkräftig Negatives aus dem Weg räumen.

Ich habe mich sehr gefreut, als ich auf einem Spaziergang unvermutet einen der seltenen Elfenringe gefunden habe. Solche Kreise im Gras sind heilige Tanzplätze der Wila. Wie alle anderen Elfen und Nymphen sind diese dem Menschen wohlgesonnen, sollten aber respektiert werden, sonst rächen sie sich.

Ein Münzorakel kann dabei helfen, die richtigen Entscheidungen zu treffen (s.S. 235). Wichtig ist, die Münzen vor der ersten Verwendung zu reinigen, indem man sie über Nacht in Salz legt. Ein Tropfen Lavendelöl stärkt ihre Kraft.

Das Wurforakel der bunten Steine (s.S. 226): Jede Farbe hat eine überlieferte magische Bedeutung. Die Lage der Steine gibt darüber Auskunft, was jetzt oder in näherer Zukunft für dich wichtig ist.

Der Wacholder war unseren Vorfahren heilig. Er ist eine mächtige Schutzpflanze, die uns auch mit den guten Kräften der Umgebung verbindet, mit der Göttin und den Ahnen. In vielen Gegenden der Welt kommt er als beliebtes Räucherwerk täglich zum Einsatz. Wacholder ist auch ideal, um während der Rauhnächte die Hausgeister zu ehren.

Zahlreiche Pflanzen haben eine enge Verbindung zu den Ahnen und können daher genutzt werden, um den Kontakt von hüben nach drüben zu erleichtern (s.S. 216). Du kannst diese Ahnenpflanzen als Räucherwerk verwenden, als ätherisches Öl in der Duftlampe oder als Streukräuter für deinen Altar.

Zwölfnächte – hätte ich jedenfalls gedacht. Und doch hält sie sich an den alten Brauch, weil man das eben so macht.

Jeder kennt Frau Holle, die ihre Betten ausschüttelt, damit es schneit. Bis heute gibt es eine sehr lebendige Verehrung dieser Göttin am Holleteich am Hohen Meißner. In diesem Teich fanden sich Münzopfergaben, die sich bis zweitausend Jahre zurückdatieren lassen, auch wesentlich ältere steinzeitliche Gerätschaften aus Feuerstein belegen die lange Tradition dieses Ortes.

Die Gebrüder Grimm haben mit ihrer mütterlichen Frau Holle eine Figur geschaffen, die den älteren Sagen nicht unbedingt entspricht und die recht moralisierend ist (die braven Mädchen werden belohnt, wer aus diesem Raster herausfällt, wird bestraft). Es ist gut, sich bewusst zu machen, dass das nicht das ganze Bild ist. In den alten Sagen verführt Frau Holle auch schon mal Männer, die an ihren heiligen Orten rasten, und treibt ihre Späßchen mit Wanderern. Sie führt die Wilde Jagd der Sturmgeister an, wohnt an magischen Schwellen wie Brunnen oder Höhlen und segnet die Arbeit der Frauen. Sie beschützt Haus und Hof, bringt Kinder in die Familie und führt die Seelen der Verstorbenen in ihr lichtvolles Reich unter der Erde oder hinauf in den Himmel über Hels Weg, eine alte Bezeichnung für die Milchstraße. Die Erinnerung daran findet sich auch im Brauchtum wieder, wo beispielsweise Grabkreuze in manchen Gegenden aus Holunderholz (neben dem Wacholder ihr heiliger Baum) gefertigt wurden.

Himmel und Erde sind ihre Wirkungsstätten, sie verbindet das Kosmische mit dem Irdischen, das Wetter, die Sterne und die Kräfte der Anderswelt mit der Küche, der Hausarbeit, dem Großziehen der Kinder. Nichts ist zu groß und nichts zu alltäglich für sie. Leben und Tod, Licht und Schatten, Furcht und tosendes Unwetter, Glück und strahlender Sonnenschein, all das und noch viel mehr ist diese Göttin. Man kann sie ohne Weiteres als die Große Göttin unserer Breiten bezeichnen.

Gaben für die Holle

Traditionell werden ihr weiße Speisen geschenkt. Auch Eier oder Äpfel eignen sich gut, ebenso weiße Bänder, die man an ihre heiligen Bäume, den Holunder und den Wacholder, knüpfen kann. Du kannst sie auch an Gewässern verehren und natürlich zu Hause, am besten am Küchentisch. Räucherwerk mit Wacholder ist ebenso eine gute Wahl. Wenn es leicht praktikabel sein soll: Es gibt naturreine tibetische Stäbchen mit Wacholder (dieser Duft ist überall heilig, wo er bekannt ist).

Brigid

Brigid ist eine Göttin irisch-keltischen Ursprungs, ihr heiliger Feiertag Imbolc (1. Februar) gehört zu den acht großen Jahreskreisfesten. Man könnte meinen, dass diese Göttin, die heute auf der ganzen Welt zahlreiche Anhänger hat, eine rein irische Angelegenheit war und deshalb ursprünglich nichts mit unserer Region zu tun hat. Doch wieder einmal ist die Glaubenswelt unserer Vorfahren weit verknüpft, so wurde Bierstadt (ein Bezirk von Wiesbaden) ursprünglich als Brigidestad von irischen Mönchen gegründet und nach ihrer Nationalheiligen benannt.

Die Heilige Brigid wird mittlerweile auch von Historikern als Weiterführung der Göttin Brigid unter christlichem Deckmäntelchen bezeichnet. Ihr Name bedeutet so viel wie »die Erhabene«, was möglicherweise eher ein Titel als ein Name war (ganz ähnlich wie bei Freya und Freyr, was »Herrin« und »Herr« bedeutet).

Brigid gehören das Feuer und der Funke der Inspiration, sie ist eine Göttin der Weisheit, der Bildung, des Schreibens, der Poesie und der Kunstfertigkeit. Als Schmiedegöttin steht sie altem schamanischem Wissen nahe, als Göttin der Heilung sind ihr Quellen, Seen und Flüsse heilig. Sie beschützt die Familie, Haus und Hof und ist in dieser Hinsicht der Holle und der Percht nicht unähnlich.

Rufe Brigid, wenn du für Prüfungen lernst oder ein neues Wissensgebiet erkundest. Bitte sie um Inspiration, wenn du ein Problem lösen möchtest, und für Schutz und Segen für dich und deine Lieben. Sie kann zu jedem Heilzauber dazugerufen werden und bringt Licht ins Dunkel, wenn eine Situation schwer zu durchschauen ist. Sie ist eine wunderbare Göttin für Frauen und Männer, die Beruf und Familie unter einen Hut bringen – zögere nicht, dich an sie zu wenden, wenn du Herausforderungen in diesem Bereich hast.

Ihr ist die Zahl neunzehn heilig, sodass du zum Beispiel für sie neunzehn Tropfen eines duftenden Öls in eine Schale Wasser geben kannst oder neunzehn Teelichte auf einer großen feuerfesten Unterlage entzündest. Du kannst auch neunzehn Knoten in ein weißes Band knüpfen und ihren Segen erbitten. Es ist natürlich nicht zwingend notwendig, sich an diese Zahl zu halten, das ist nur eine Möglichkeit unter vielen. Die Götter schauen zuerst in unser Herz. Eine einfache weiße Kerze, mit der richtigen Intention entzündet, wird einen immer weiter bringen als ein perfektes Ritual, das nicht mit Leben gefüllt wird.

Diana, slawisch: Devana

Diana ist die klassische Göttin des Mondes, der Tiere und der Zauberei. Sie steht für Freiheit und Selbst-Bewusstsein (im wirklichen Sinne des Wortes), schützt Frauen während der Geburt und aller anderen Übergänge im Leben. Sie schafft ein Bewusstsein dafür, wer man selbst wirklich ist.

Während der Hexenprozesse wurde ihr Name oft als Synonym für die Göttinnen verwendet, die von den angeklagten Frauen verehrt wurden. Dadurch gingen viele regionale Göttinnen-Namen verloren, die sonst (wenn auch auf denkbar schlechteste Weise) überliefert worden wären. Nannte eine Frau den Namen einer regionalen Göttin, schrieben die Ankläger einfach Diana in die Akten. Sie galt damals als Hexengöttin schlechthin und oft wurde auch tatsächlich Diana verehrt, aber eben nicht ausschließlich.

Mit Diana kann man wunderbar arbeiten, wenn sich das Leben festgefahren anfühlt und man sich mehr Leichtigkeit und mehr Handlungsspielraum wünscht. Sie unterstützt geistige Reisen und den neutralen Blick auf das große Ganze, wenn man den Wald vor Bäumen nicht mehr sieht – so wie der ihr heilige Mond auf die Erde schaut und mit seinem Licht die Nacht erhellt. Im Grunde kann man mit Diana zu jedem Thema arbeiten, nichts ist ihr fremd, und wer völlig neu in der Materie ist, für den ist sie ein guter Ausgangspunkt, ähnlich wie Isis, zu der wir noch kommen werden.

Nicht immer war sie die schmale, leicht bekleidete Jägerin mit Pfeil und Bogen, die man vor allem aus neueren Darstellungen des Klassizismus kennt. Als Artemis (ihre griechische Entsprechung) wurde sie zum Beispiel in Ephesos mit vielen Brüsten dargestellt, Symbol ihrer Fähigkeit, das Leben zu nähren und jedem zu geben, was er braucht. Ihre Form erinnert an eine Säule, Menschen und Tiere sind auf ihrem Gewand dargestellt, üppige Trauben, Löwen, Hirsche, Ziegen, Kühe, Bienen und geflügelte Wesen. Sie alle werden von ihr genährt.

Sie wurde in der Antike manchmal mit Isis gleichgesetzt, ein Umstand, der uns daran erinnert, unserem Gefühl für die Essenz einer Gottheit vertrauen zu lernen und ihre möglichen Überschneidungen mit anderen Gottheiten im Blick zu behalten. Wir denken heute manchmal zu sehr in Abgrenzungen und zu wenig an das Verbindende. Meist genau dann, wenn wir alles besonders richtig machen wollen. Behalte daher immer im Hinterkopf, dass Bücher und Informationen eine Anregung geben, zum Schluss aber dein persönlicher Austausch mit den Gottheiten entscheidend ist.

Dolya und Nedolya

Man geht davon aus, dass etwa ein Fünftel der Deutschen hauptsächlich slawische Vorfahren haben. Einige werden dazukommen, bei denen der slawische Anteil zumindest eine wichtige Rolle im Mix der unterschiedlichen Vorfahren spielt. Folgt man den alten Wegen, ist es also eine gute Idee, auch den slawischen Göttern Aufmerksamkeit zu schenken und die Beziehung gegebenenfalls zu vertiefen, wenn ein inneres Glöckchen dabei klingelt.

Dolya und Nedolya sind zwei Wesenheiten, die im Grunde eine Einheit bilden, wie Licht und Schatten oder Yin und Yang. Im volkstümlichen Brauchtum wurde daraus manchmal Gut und Böse, aber das verkürzt die Sache sehr. Je nach Überlieferung sind sie auch ein und dieselbe Göttin, mal mit dem sanften, dann wieder mit dem strengen Gesicht.

Dolya beschützt das Haus und alle, die darin wohnen. Sie bringt Glück, Gedeihen und Freude. Man sagt, wenn es irgendwo in der Wohnung knackt oder ein unerwartetes Geräusch gibt, ist das ein Zeichen von ihr. Nedolya bringt Einschränkungen und Verzicht. Das ist manchmal frustrierend, sorgt aber auch dafür, dass wir die nötige Ruhe bekommen und nicht durch unser Leben hindurchrennen.

Von einer slawischstämmigen Kursteilnehmerin durfte ich mehr über die beiden lernen, und sie bestätigte, dass es zwei Facetten einer Göttin sind. Diese Göttin zeigt einem das Gesicht, das man mit seinem Verhalten nährt, wie ein sehr ehrlicher Spiegel. Spürt man zu viel Nedolya in seinem Leben, wird es Zeit, Dinge zu tun, die wieder das Gesicht von Dolya hervorlocken.

Natürlich gibt es, wie bei allen Gottheiten, verschiedene Auslegungen ihrer Eigenschaften, und doch ist das ein wunderbarer Ansatz. Hier wird nicht die helle Göttin in den Himmel gelobt und die dunkle Göttin verteufelt, sondern das Element der Eigenverantwortung und der ehrlichen Kommunikation zwischen der Göttin und uns spielt die Hauptrolle.

Epona

Mit einer Pferdegöttin kann man sich heute, vielleicht auch noch als Stadtbewohner, schwertun. Um ihre Bedeutung zu verstehen, müssen wir uns klar machen, was Pferde in einer Zeit bedeuteten, als die einzige Alternative der Fußmarsch war, oftmals über weite Strecken. Wenn von heute auf morgen alle zu Fuß zu ihrer Arbeit und zum Einkaufen gehen müssten, würden wir uns ganz schön umschauen.

Ein Pferd zu besitzen war in früheren Zeiten ein echter Luxus, es war ein Sinnbild für das gute Leben. Pferde waren aber noch mehr, sie waren heilige Tiere, aus deren Gang über kleine Hindernisse man orakelte und die bis heute in norddeutschen Pferdekopfgiebeln über Schutz und Gedeihen eines Hauses wachen. Die Heiligkeit von Pferden wirkt noch immer nach, bis heute ist es beispielsweise eher ungewöhnlich, Pferdefleisch zu essen, was in alter Zeit ein Tabu war.

Epona nun wurde oft in der Nähe von Heilorten verehrt, aber auch von der römischen Kavallerie als Schutzgöttin übernommen und damit im gesamten Römischen Reich bekannt. Ihre Tempel fanden sich von England bis nach Bulgarien, von Baden-Württemberg bis nach Nordafrika. Sie ist eine Göttin der Mobilität (auch der sozialen), des Vorankommens und des Schutzes. Du kannst sie anrufen, wenn du im Leben weiterkommen möchtest, wenn du erfolgreich sein und deine Ziele erreichen willst. Epona hat einen Blick fürs Ganze, sie wird dir Stück für Stück Aufgaben zuteilen, von denen du manchmal gar nicht weißt, wozu sie gut sein sollen. Und doch führt sie dich damit auf den richtigen Weg.

Epona ist eine wunderbare Heilgöttin, die Kraft und Stärke schenkt und auch in schwierigen Situationen angerufen werden kann. Im Gegensatz zu vielen anderen Göttinnen wird bei ihr der Heilaspekt leicht übersehen, weil der Pferdeaspekt so vordergründig ist, aber wenn du eine Resonanz zu Epona spürst, folge ihr, sie ist auch eine kraftvolle Heilerin.

Sie schenkt nicht nur Kraft, sie hilft auch dabei, sie einzuteilen. Das ist ein wichtiges Detail, denn viele wollen immer mehr Kraft haben und vergessen, einen Blick darauf zu werfen, wie sie eigentlich mit ihrer bestehenden Kraft haushalten. Auch das ist ein Thema, das man mit Epona wunderbar bearbeiten und verändern kann.

Erda, Herta, Eartha, Nerthus

Viele Namen, eine Göttin: Erda wird in alten Quellen als Königin der Hexen und Anführerin der Wilden Jagd genannt. Damit rückt sie in die Nähe von Frau Holle und der Percht. Ein Heiligtum der Erda ist unter ihrem Namen Hertha auf Rügen bekannt, wo sie in der dortigen Herthaburg wohnt. Es findet sich auch ein Herthasee in der Nähe sowie die Überreste der Herthabuche, um die sich zahlreiche Sagen ranken.

Als Verbündete des Meeresgottes Njörd bildet sie mit ihm das Spannungsfeld von Erde und Meer. Erda ist Mutter Erde, aus ihr wächst alles hervor, zu ihr kehrt alles zurück. Als heutiger Mensch, das Smartphone in der Hand, Asphalt unter den Schuhen und immer im Stress, kann man sich schon mal fragen: Was mache ich mit so einer Göttin? Was hat sie mit mir zu tun?

Gerade wir können eine Göttin wie Erda gut gebrauchen. Sie holt uns raus aus den überschießenden (und meist doch belanglosen) Informationen, stellt uns vom Kopf auf die Beine, erdet uns im wahrsten Sinne des Wortes. Wenn du überspannt bist, wenn du Schlafstörungen hast, keine Ruhe findest und das Gefühl hast, ständig gehetzt zu sein und in einer ewigen Tretmühle der Aufgaben zu leben, wäre es einen Versuch wert, mit Erda Kontakt aufzunehmen. Sie ist liebevoll und direkt. Ihre Hinweise sind freundlich, aber deutlich. Hält man sich daran, wird man bald schon eine Besserung verspüren.

Übrigens kann Erda auch eine große Stütze sein, wenn jemand im persönlichen Umfeld verstorben ist. Lass dich von ihr innerlich durch die Beerdigungsfeier tragen und in der Trauerzeit begleiten. Es kann sehr tröstlich sein, dass der verstorbene Mensch nun bei ihr ist, behütet und geschützt.

Freya

Als ich Freya befragte, was besonders wichtig ist, was ich unbedingt über sie schreiben soll, meinte sie mit diesem ganz speziellen Lächeln: »Weißt du, ich bin unverantwortlich.« Ihre Augen blitzten herausfordernd, als wollten sie sagen: »Na, traust du dich, das zu schreiben?« Der feine Humor ihrer Worte war unverkennbar, es war klar, was sie sagen wollte: »Ich bin frei, un-verantwortlich im besten Sinne des Wortes. Ich ziehe nicht das Leid der Welt auf meine Schultern, um mich damit wichtig zu machen. Ich lasse die Verantwortung bei dem, zu dem sie tatsächlich gehört.«

Alle Aufopfernden, ständig Verantwortlichen, alle, die sofort springen, noch ehe der andere etwas gesagt hat, die im Kopf schon drei Schritte voraus sind, weil sie meinen, dass die anderen ohnehin nicht daran denken werden, können bei Freya wertvolle Lektionen darüber lernen, wie man sich aus diesem – meist selbst geknüpften – Netz befreien und ein leichteres Leben führen kann. Eines, in dem man die Herrin seiner selbst ist. Denn genau das bedeutet Freya: Herrin.

Die meisten werden sie als Liebesgöttin kennen, als schamanische Vogelgöttin im Falkengewand, als freie und eigenwillige Göttin mit Sinn für die schönen Dinge im Leben. All diese Aspekte sind richtig und wichtig, aber man kennt sie eben schon sehr gut. Diese ganz besondere Energie Freyas, uns aus festgefahrenen Situationen herauszuholen, wird dabei manchmal übersehen. Sie lässt sich auch nicht griffig in Schlagworten formulieren, es ist eine subtile und doch sehr kraftvolle Seite dieser Göttin. Nicht zu vergessen ist Freya eine Göttin mit Humor, wie auch die obige Antwort zeigt. Sie ist nicht kapriziös oder überspannt, sie ist ganz natürlich selbstbewusst und erwartet Respekt – eine innere Haltung, die sie weitergibt, wenn man mit ihr arbeitet.

Frigg(a)

Es gibt viele Diskussionen darüber, ob Frigga und Freya möglicherweise dieselbe Göttin sind. Nach aktuellem Stand wurden sie in Skandinavien deutlicher unterschieden, auf deutschem Gebiet schon weniger, hier waren zudem auch die Übergänge zur Holle fließend. Jede hat

Aspekte der anderen und doch empfinden sie die meisten heutigen Praktizierenden als unterschiedliche Göttinnen. Frigga ist verbindlicher als Freya, mehr auf die Gemeinschaft und Themen wie Organisation, Struktur und Workflow ausgerichtet. Einige erklären sie zu einer Art Hausmütterchen neben der sexy Freya, aber das ist eine sehr verkürzte Sichtweise.

Frigga ist federführend oder besser: schlüsselführend, ihr gehört der Schlüssel zum Haus und damit die Macht, Türen zu öffnen oder geschlossen zu halten. Wie alle Göttinnen, zu deren Einflussbereichen das Spinnen gehört hat, ist auch sie eine Schicksalsgöttin.

Man sagt Frigga nach, dass sie alles weiß, aber nichts verrät. Nach meiner Erfahrung kommt das so nicht hin, sie spricht allerdings oft in Zeichen und Symbolen, in bedeutungsvollen Zufällen oder Momenten, in denen einem plötzlich ein Licht aufgeht. Frigga kann subtil sein, aber für gewöhnlich spürt man sehr genau, in welche Richtung sie deutet. Sie hat allerdings, so zumindest meine Erfahrung, eine Abneigung gegen leichthin gestellte Fragen, es muss einem wirklich wichtig sein.

Da kommt wieder ihre verbindlich-souveräne Seite zum Vorschein. Wenn du mehr Souveränität erlangen möchtest, wenn du es sprichwörtlich gebacken kriegen willst, ist Frigga eine wunderbare Lehrerin.

Hekate

Bis heute wird Hekate von vielen geehrt, in der Antike gehörte sie zu den zentralen Göttinnen, wie die Gleichsetzungen mit Diana, Isis und anderen großen Göttinnen dieser Zeit zeigen. Bis in die Zeit der Hexenprozesse hinein wurde sie auch bei uns verehrt und – ganz ähnlich wie Diana – als Königin der Hexen von der Kirche verteufelt.

Hekate kann jeden Wunsch erfüllen oder verneinen, sie hat Zugang zu allen spirituellen Reichen und Ebenen, ist die Königin der geistigen Welt, der Geisterwelt. Sie kann als Hund erscheinen, als dreiköpfige Göttin, als junge, lichtbringende Frau oder als weise Alte. Sie in Worte zu fassen ist nicht einfach. Überall dort im Leben, wo es um Entscheidungen, Veränderungen und wichtige Entwicklungen geht, kann man sie anrufen. Hekate meint es ernst, ist aber keine finstere Göttin.

Sie erinnert uns daran, uns selbst treu zu bleiben, gesunde Grenzen zu setzen und für die Ziele zu arbeiten, die uns wirklich wichtig sind. Sie bringt uns an den Punkt, der wirklich wichtig ist, an dem alle Illusionen abfallen und die Wahrheit ans Licht kommt. Ihre Energie lässt sich mit einer Kameralinse vergleichen, die scharf gestellt wird. Man sieht die Dinge, wie sie sind, ohne Filter, ohne Beschönigungen, aber auch ohne die pessimistischen Gedanken, die man manchmal aus Gewohnheit darüber wirft.

Als Göttin der Übergänge sind die »speziellen Lösungen«, wie ich es nenne, eine Spezialität von Hekate. Manchmal respektieren andere unsere persönlichen Grenzen nicht. Ist man gut drauf, wird man das klarstellen können, aber manchmal sind wir geschwächt und müssen erst wieder in unsere Kraft finden. Um in dieser Zeit nicht zum Einfallstor fremder Ansprüche zu werden (und damit noch mehr aus der eigenen Mitte zu fallen), ist Hekate eine große Hilfe.

Isis

Ähnlich allumfassend wie Hekate ist auch Isis, deren Tempel nicht nur im fernen Ägypten oder Rom, sondern auch in Mainz, Köln oder Maria Saal in Österreich standen. Wie in den meisten Regionen üblich gab es große Feiern, in denen die Göttin auf Festwagen durch die Straßen gefahren wurde. Manche Deutungen weisen darauf hin, dass hier die ersten Ausläufer des Karnevals zu finden sind. Die festlich dekorierten Schiffskarren hießen lateinisch *carrus navalis*, wovon sich möglicherweise das Wort Karneval ableitet.

Von vielen Göttinnen sind feierliche und ausgelassene Festumzüge überliefert, die später von der Kirche als Heiligenprozessionen übernommen wurden. Wo immer es althergebrachte Umzüge oder zum Beispiel auch Flurumritte gibt, sollte man hellhörig werden, diese Dinge haben oft eine sehr viel ältere Geschichte und gehen auf vorchristliche Traditionen zurück. So ist auch Isis, die den kleinen Horus hält, das Vorbild (im wörtlichen Sinne) für Maria mit ihrem Jesuskind.

Isis wurde in der Antike als *una quae es omnia* bezeichnet, als »die Eine, die alle in sich vereint«. Sie ist eine große Göttin, es gibt kein Thema, das ihr fremd wäre, und ihre Energie ist sehr warm, hell und herzlich. Sie ist auch heute noch leicht ansprechbar und taucht gern unerwartet im Leben auf, wenn man am wenigsten mit ihr rechnet.

Sie ist die ideale Göttin, wenn du erste Kontakte zu alten Gottheiten knüpfen willst, und bekannt dafür, dass sie einen Menschen gegebenenfalls weiterleitet an die Göttinnen und Götter, mit denen er am besten weiterarbeiten kann. Du kannst sie zu jedem Thema um Unterstützung bitten. In der Antike sagte man: Ein Gebet an Isis geht nie fehl. Das gilt auch heute noch.

Juno

Juno ist die Königin des Himmels, Herrin der Zeit und Beschützerin der Frauen. Der Monat Juni ist nach ihr benannt, und nach alter Tradition sollen Frauen sie an ihrem eigenen Geburtstag ehren. Bis in die Neuzeit hinein gab es den schon erwähnten Spruch, dass jeder Mann seinen Genius und jede Frau ihre Juno hat. Sie ist also nicht nur eine Königin in himmlischen Höhen, sie ist auch eine sehr gut ansprechbare und persönliche Göttin für alles Irdische.

Juno unterstützt Frauen in all ihren Belangen, sie kann ab dem ersten Tag als Beschützerin für kleine Mädchen angerufen werden, und so geht es weiter durch das ganze Leben. Jeder Übergang, jede Herausforderung und jede Freude kann mit Juno gemeistert und gefeiert werden. Vom ersten Atemzug als kleines Mädchen (heutzutage auch vom ersten eindeutigen Ultraschallbild an) über die Kindheit, die Pubertät, die Zeit der eigenen Kinder (welcher Art auch immer sie sein mögen), die Menopause und die Zeit als gereifte alte Frau, immer ist Juno an unserer Seite, wenn wir sie rufen. Sie steht mit Rat und Tat hinter uns.

Juno ist keine Göttin, an die man zuerst in Sachen Liebe und Beziehungen denken würde, und doch kann sie auch dabei ausgesprochen hilfreich sein. Während die sinnlich-sexuellen Liebesgöttinnen das Feuer der Liebe entfachen, hilft Juno dabei, einen klaren Kopf zu behalten, nicht immer wieder dieselben Fehler zu machen und sich so weiterzuentwickeln, dass man auch wirklich glücklich wird.

Lada

Lada ist die Göttin der Liebe, der Schönheit, der Fruchtbarkeit und des Lebens, das sich immer wieder neu entfaltet. Nachdem Donnergott Perun mit seinem feurigen Hammer Schnee und Eis vertrieben hat, kommt ihr großer Auftritt im Jahresrad, und das Wort Auf-tritt ist durchaus wörtlich zu verstehen. Wo auch immer Lada im Frühling entlangläuft, sprießen Blumen und Kräuter aus der Erde. Die Natur erwacht und die Liebe gleich mit. Lada schenkt uns Frühlingsgefühle (nicht nur im Frühling) und lässt unseren inneren Funken erstrahlen.

Ihr Frühling und ihre Jugend sind an kein Alter gebunden, sie sind die zeitlose Kraft der Erneuerung. Wer sich mit älteren Menschen unterhält, wird oft hören, dass es mit der Liebe immer dasselbe bleibt. Egal, ob siebzig oder über achtzig, sich neu zu verlieben fühlt sich noch haargenau so an wie in jungen Jahren.

Lada wird zu Hochzeiten gerufen, damit die Ehe lang und glücklich ist. Sie hilft gern dabei, Hindernisse zu überwinden und das Leben glücklicher und optimistischer zu gestalten. Nach einer Phase der Trübsal oder wenn man längere Zeit sehr eingespannt war, hört man oft den Rat: Du musst mal wieder was für dich selbst tun. Oft weiß man aber beim besten Willen nicht, was das sein könnte. Lada hilft dabei, sich selbst wieder auf die Spur zu kommen, die »Jahreszeiten« der Seele anzuschieben und einen neuen Frühling zu erleben.

Die Matronen

Die Matronen sind vor allem durch den Fund ihrer Weihesteine bis heute ein Begriff. Schriftliche Quellen zu ihnen gibt es nicht, doch über achthundert Funde mit über siebzig Beinamen der Matronen darauf sprechen auf ihre eigene Art eine klare Sprache. Da ist die Rede von den Lebensspendenden, vom Glück, von Wasser und Kraft. Es geht um Magie und ein gutes Schicksal, um Heilung, Gelübde, die Ehe, und immer wieder waren die Familiennamen der Stifter eingetragen, die die Matronen um Schutz und Segen für alle Familienmitglieder gebeten hatten.

Lange Zeit blieben die Matronen für mich etwas blass, bis ich für mein Buch *Magische Heilkunst* recherchierte und auf eine überreiche Fülle von Heilsprüchen stieß, in denen drei Frauen, drei Jungfrauen oder drei Mütter angerufen wurden, um Heilung zu bewirken. Oft nach dem Muster »Drei Frauen gehen über das Land ...« und dann wird aufgezählt, was jede einzelne von ihnen tut, wobei die letzte die Krankheit beseitigt.

Es würde mich wundern, wenn das ein Zufall ist. Vieles, was im offiziellen Glauben längst vergessen wurde, lebt im Brauchtum munter weiter. Zumal die Schicksalsgöttinnen und -feen auch in Sagen und Mythen oft zu dritt anzutreffen sind. Die Matronen werden auch mit den germanischen Disen oder Idisen in Verbindung gebracht, die im ersten Merseburger Zauberspruch angerufen werden. Disen sind weibliche Schutzgeister, können aber auch, ähnlich den späteren Feen in den Sagen, den Tod eines Menschen ankündigen.

Wir bewegen uns hier also im Bereich der Schicksalsgöttinnen, die das große Ganze im Blick haben und angerufen werden, um ihren Segen zu spenden und uns ein glückliches Leben zu gewähren. Als traditionelle Opfergaben sind Früchte und Zapfen von Nadelbäumen überliefert.

Makosch, Mokosch, Mokosha, Matka

Diese Göttin war uns schon bei den Symbolen begegnet. Der Name Mokosch bedeutet Feuchtigkeit, oft wird sie auch als »feuchte Mutter Erde« bezeichnet. Das ist wichtig, die feuchte Erde ist nämlich fruchtbar, alles andere wäre nur Sand und Staub. Man sagt ihr nach, dass sie seit der Christianisierung oft als schwarze Madonna weiterverehrt wird, was passend ist für eine Göttin, die der Erde so nahe steht. Eine zweite Deutung sieht in ihrem Namen die Mutter (*ma*) des Schicksals (*kosh*), diesem Zusammenhang gehen wir gleich noch nach.

Ähnlich wie Frau Holle und die Percht ist auch Mokosch mit dem Haushalt, dem Weben und Spinnen, der Ernte und dem Wohl von Mensch und Vieh verbunden. Der Kamm (zum Kämmen von Flachs) gehört zu ihren Symbolen und findet sich bis heute in traditionellen Stickereien wieder, wo ihre Hände oft als Kämme dargestellt werden. Interessanterweise ist der Kamm auch ein Symbol für Regen, was wiederum zu ihrer wässrigen Natur passt.

Auch die alten mit Mokosch verbundenen Tabus, abends keinen Flachs unordentlich auf der Spindel zu lassen, an Feiertagen nicht zu spinnen und so weiter, sind identisch mit denen der Holle und der Percht.

Wie alle Göttinnen, die mit dem Spinnen verbunden sind, hat auch Mokosch eine enge Verbindung zum Lebensfaden eines Menschen und ist damit eine Schicksalsgöttin. Man kann sie rufen, wann immer man sein Schicksal in die Hand nehmen und das eigene Leben aktiv gestalten möchte. Es mag wohl so sein, dass die Göttinnen den Faden spinnen, aber man selbst verwebt ihn in diesem Leben und entscheidet, in welche Geflechte man ihn einbringt und in welche nicht.

Mokosch ist eine nahe Göttin, sie ist leicht ansprechbar und antwortet gern auf unsere Bemühungen. Man kann sie zu allen Fragen des Lebens anrufen, ganz besonders aber in Bezug auf die Familie, die persönliche Weiterentwicklung und um Mensch und Tier zu beschützen. Sie bringt Kindersegen und hilft, die eigenen Talente zu finden und auszubauen. Ihr ist kein Thema fremd. Wenn du eine Verbindung zu ihr spürst, kannst du in allen Bereichen mit ihr arbeiten.

Nornen

Bei den Nornen ist man in der Hierarchie ganz oben angekommen. Sie sind mächtiger als die Götter, denen sie genauso ihr Schicksal zuweisen wie allen anderen auch. Urd, Verdandi und Skuld heißen sie, sie sind Vergangenheit, Gegenwart und Zukunft. Am mächtigen Weltbaum Yggdrasil sitzen sie, in der Nähe einer Quelle, und spinnen die Lebens- und Schicksalsfäden allen Seins.

Traditionell wird Skuld angerufen, um die Zukunft in gute Bahnen zu lenken. Man kann aber auch sehr gut mit Verdandi und Urd arbeiten, denn manchmal braucht man eine neue Gegenwart oder auch eine neue Vergangenheit.

Wie ist das gemeint? In der schamanischen Weltsicht (und da ist es mehr als passend, dass die Nornen am Weltbaum sitzen) gibt es keine Zeit im linearen Sinne. Das sieht man auch daran, dass die Nornen immer zu dritt auftreten. Es gibt sie nur auf einmal, nur im Alltag ist uns das selten bewusst.

Wie wir die Dinge betrachten, kann alles verändern. Es gibt beispielsweise Menschen, die noch mit sechzig Jahren für alles in ihrem Leben den Eltern (den Lehrern, den Umständen, dem Partner ...) die Schuld geben. Nie haben sie ihr Schicksal in die Hand genommen, nie ihr eigenes Leben beansprucht, das doch so kurz ist. Sie brauchen dringend eine neue Vergangenheit, einen neuen Blickwinkel auf das, was war. Für sie ist die Arbeit mit Urd ein guter Weg.

Es geht dabei nicht darum, etwas schönzureden oder krampfhaft zu verzeihen (in spirituellen Kreisen sehr beliebt). Es geht darum, das eigene Leben zu beanspruchen, und wenn es in der Vergangenheit Haken gibt, die einen festhalten, wird Urd dabei helfen, sie zu lösen.

Andere sind mit der Gegenwart unzufrieden. Manchmal kommt alles auf einmal: Stress im Job, in der Partnerschaft, das Kind ist schon wieder krank, der Knöchel verstaucht ... In solchen Zeiten ist es hilfreich, durchzuatmen und sich an Verdandi zu wenden. Die ernst gemeinte Bitte: »Hilf mir, meinen Blickwinkel zu erweitern, hilf mir, *alles* zu sehen, nicht nur die angespannten Ausschnitte, die ich jetzt im Fokus habe«, kann Berge versetzen. Man muss es wirklich tun, um diese Kraft zu spüren. Nur darüber nachzudenken oder von vornherein zu sagen, dass das nichts bringt und sich dadurch sowieso nichts ändert, wird die Situation naturgemäß beim Alten belassen.

An der Zukunft sind die meisten interessiert, sie soll besser werden, alles soll sich ändern, wenn wir doch nur dieses oder jenes hätten. Das ist früher nicht anders gewesen, sonst gäbe es nicht die Tradition, mit Skuld zu arbeiten und die anderen Nornen eher zu vernachlässigen. Wie wir gerade gesehen haben, haben die anderen beiden Nornen viel zu bieten und natürlich kann man mit Skuld auf eine gute Zukunft hinarbeiten, sie bitten, schwierige Lebensfäden zu kappen und gute Lebensfäden einzuflechten.

Vertrauen ist entscheidend

Wichtig – bei der Arbeit mit Gottheiten generell, aber bei den Nornen umso mehr – ist es, ihnen zu vertrauen. Oft haben wir ein bestimmtes Bild im Kopf, wie die angestrebten Veränderungen ablaufen sollen. Wir sind aber nur kleine Menschen, wir kennen nicht das große Ganze. Manchmal ist ein etwas anderer Weg deutlich besser für uns. Bring also diese Offenheit mit. Wer, wenn nicht die Nornen, kann im Geflecht des Lebens sprichwörtlich die Fäden ziehen? Geh den Weg mit ihnen, nicht gegen sie.

Rosmerta

Rosmertas Name bedeutet »die große Ernährerin« oder »Versorgerin«. Durch keltisch-römische Überschneidungen wurde Mercurius als ihr Partner betrachtet. In Eisenberg in der Pfalz wurde zum Beispiel eine Darstellung der beiden als göttliches Paar gefunden. Manchmal verschmolzen sie auch zu einer Gottheit und Rosmerta hatte den geflügelten Hut von Merkur auf dem Kopf.

Diese Funde zeigen uns wieder einmal, wie »organisch« früher mit den Göttern gelebt wurde, da war keine Spur von spiritueller Monokultur. Die Götter gehörten zum Leben dazu, die Beziehungen miteinander entwickelten sich und hatten individuelle Züge.

Rosmerta nun ist eine Göttin der Fülle, des Überflusses und des guten Lebens. Daher gehört das Füllhorn zu ihren Symbolen, manchmal auch ein Geldbeutel, ein Früchtekorb oder eine Opferschale. Sie hat eine warme und gütige Energie, aber auch den nötigen Pfiff, um die Dinge am Laufen zu halten.

Wo immer du mehr Fülle brauchst, kannst du sie um Hilfe bitten. Sie hilft auch ganz konkret in finanziellen Fragen, wenn es um Anschaffungen, Besitz und die guten Dinge im Leben geht. In der Antike hatte man keine Scheu, die Götter um solche vermeintlich profanen Dinge zu bitten. In meinen Kursen sehe ich oft, dass es diesbezüglich große Bedenken gibt, und möchte sie an dieser Stelle kurz aufgreifen. Wir sind Menschen, stecken jetzt gerade in einem Körper, haben dadurch Bedürfnisse und die sind nicht nur geistiger Natur. Das ist das Leben, und es ist völlig in Ordnung so. Es hat nichts mit Gier zu tun, ein gutes Leben haben zu wollen, im Gegenteil. Wer ein gutes Leben hat, kann es mit anderen teilen, so profitieren alle.

Betrachtet man das große Ganze, war es noch nie ein Problem, dass es Fülle gibt, und auch nicht, sie haben zu wollen. Problematisch wird es nur, wenn sich die Fülle bei Einzelnen staut und alle anderen nichts mehr davon abbekommen. So gesehen kann Rosmerta auch für Veränderungen im Großen angerufen werden, für mehr Fairness und eine gerechtere Gesellschaft.

Sirona

Ganz ähnlich wie Rosmerta hatte auch Sirona in vielen Darstellungen einen Partner, in diesem Fall den Heilgott Apollo. Ihr Name bedeutet »Stern« oder »die von den Sternen«, auf manchen Abbildungen trägt sie auch ein Diadem aus Sternen. Ihre Heiligtümer wurden unter anderem in Bitburg, Hochscheid, Mainz, Wiesbaden, Trier, Augsburg und Mühlburg in Baden-Württemberg gefunden.

Sie ist eng mit Heilquellen verbunden, Schlangen und Eier gehören zu ihren heiligen Attributen, daneben auch das Zepter und eine Opferschale. Die Schlange ist das Tier der Erneuerung und findet sich als Symbol der Heilkraft bis heute im Logo vieler Apotheken. Eier sind Zeichen der Fruchtbarkeit, sie wurden und werden aber auch im Heilzauber bis in die Gegenwart hinein verwendet, um Krankheiten aus dem Körper zu ziehen und die Balance wiederherzustellen. Eine Praxis, die man in ganz Europa und bis weit in den ostslawischen Bereich hinein findet, und natürlich auch in anderen Teilen der Welt. Eier bieten sich auch als Opfergabe für Sirona an, am besten an einem Gewässer.

Als heilende Göttin, die so eng mit dem Element Wasser verbunden ist, kann man Sirona bei Kuren und auch generell als heilsame Unterstützung anrufen. Wasser kann äußerlich heilen (Thermalbäder, Schwimmen, Bäder mit Kräuterzusätzen, Dampfbäder und so weiter), es heilt aber auch innerlich, zum Beispiel in Form von Kräutertees und Mineralwässern aus Heilquellen. Rufe Sirona, wann immer du Unterstützung bei heilender Arbeit und Hilfe »von oben« brauchst. Nutze ihre enge Verbindung zu den Sternen.

Siwa, Seva

Siwa wird auch als Živa beschrieben (sprich: Schiwa) und wurde beispielsweise in Ratzeburg in Schleswig-Holstein und im Gebiet der Elbe verehrt. In der Lausitz gab es eine ganz ähnliche Göttin namens Dživica, möglicherweise eine Variante des Namens. Zusammen mit Dazhbog bildet sie nach einigen Legenden das Ur-Elternpaar der Slawen, die göttlichen Großeltern der heutigen Menschen mit slawischen Wurzeln.

Ihr Name bedeutet »die Lebende« und »die Lebensspendende«. Sie ist eine Göttin der Fruchtbarkeit in jeder Hinsicht. Sie hat die Kraft, die das Leben in Bewegung hält. Entsprechend wurde sie nackt mit sehr langem Haar dargestellt, oft mit Laub bekränzt, Äpfel und Trauben in ihren Händen haltend, um ihre enge Verbindung zu den Kräften der Natur zu zeigen. Spätere Zuschreibungen vergleichen sie mit Diana, die ebenfalls durch die Natur streift, doch ist Siwa nicht nur der Natur, sondern auch dem Menschen zugewandt, sorgt für blühende Gärten, gute Ernten, mildes Wetter und Sonnenstrahlen. Der Kuckuck gilt als ihr heiliger Vogel, was die Verbindung zum Frühling und zur aufblühenden Natur unterstreicht.

Rufe Siwa in dein Leben, wenn dir dein »Lebensgarten« nicht gefällt, wenn du – um in diesem Bild zu bleiben – Unkraut zupfen und die Samen für schöne neue Erfahrungen säen willst. Sie ist eine freundliche und üppige Göttin, die dir die entsprechenden Wege auftun wird. Siwa wird auch mit der Bitte um Kindersegen angerufen und für Heilzauber. Als Geschenke für sie (das Wort Opfergaben hat einen negativen Beigeschmack, ich persönlich rede lieber von Geschenken) eignen sich Früchte, Weintrauben, Beeren und Backwerk.

Venus

Bis heute gibt es Venusberge in Deutschland und zahlreiche Legenden rund um diese Göttin. Manchmal verschwimmt sie mit Frau Holle, wenn ihr zum Beispiel nachgesagt wird, dass sie von kleinen Elfen oder den Seelen ungeborener Kinder umgeben ist. Andererseits werden die Venusberge seit jeher als Orte einer verführerischen Göttin beschrieben, die sich dort mit Männern vergnügt, wenn ihr danach ist. Wobei man dieses Motiv auch in den Sagen der Holle findet, die Gebrüder Grimm haben da im Märchen ein paar Aspekte dieser Göttin außen vor gelassen.

In ihren sicheren Rückzugsbergen hat die Göttin sinnenfreudig wie eh und je viele Jahrhunderte prüder Religiosität überlebt. Sie wurde in den Sagen und Geschichten der Leute nie vergessen, als würde sie nur darauf warten, dass sich die Zeiten ändern – und das tun sie so langsam.

Ein interessanter Bezug zur Venus, den kaum jemand kennt, ergibt sich mit dem Pentagramm. Dieses Zeichen ist bei uns seit vielen Jahrhunderten als Schutzsymbol bekannt, es steht für die Kraft der vier Elemente und das Göttliche, das sie in Bewegung hält. Unseren Vorfahren ist dabei nicht entgangen, dass der Planet Venus innerhalb von acht Jahren ein fast gleichmäßiges Pentagramm in den Himmel zeichnet. Somit hat dieses Symbol auch eine Göttinnen-Ebene, und das ganz konkret.

Mit Venus kannst du an allem arbeiten, was sinnlich und bezaubernd ist. Was das Herz erfreut, ist ihr Gebiet. Natürlich auch die Liebe an sich, aber eben noch so viel mehr. Gerade der gestresste Kopfmensch von heute kann eine gute Dosis Venusenergie vertragen. Wer von früh bis spät auf unterschiedlich große Bildschirme schaut, betrügt seinen Körper und seine Seele um die Sinnlichkeit. Da wir als Menschen sinnliche Tierchen sind, brauchen wir diese Ebene, sonst werden wir spröde und bitter.

Venus liebt es, wenn wir rausgehen und uns eine schöne Zeit machen. Oder drinnen bleiben und in einem Schaumbad versinken. Oder was uns sonst noch so einfällt. »Mach es dir schön ...«, raunt sie dir zu, und sie hat recht. Wenn einer anfängt, wirkt ihre Energie ansteckend, einer nach dem anderen taut auf, und selbst spröden Zeitgenossen huscht ein kleines Lächeln über das Gesicht.

Exkurs: Namen und Titel

Bevor wir von den Göttinnen zu den Göttern wechseln, ein kleiner Einschub. Im Alltag denkt man nicht groß darüber nach, aber all unsere Namen haben ursprünglich eine Bedeutung. So bedeutet Paul »der Kleine« und Anna ist »die Anmutige«. Das ist bei den Göttern nicht anders. Auch ihre

Namen sind eher Beschreibungen ihrer Kraft als einfach nur so Namen. So ist Freya »die Herrin«, Mokosch »die (feuchte) Mutter Erde«, Belobog ist »der weiße Gott«, und Frau Holle ist »die (einem) Holde«. Isis bedeutet »Thron«, die Percht ist »die Leuchtende«, und in Donar »den Donnerer« zu erkennen ist bis heute ganz einfach.

Wenn dich eine Gottheit näher interessiert und du eine Verbindung zu ihr spürst, versuche herauszufinden, was ihr Name ursprünglich bedeutet. Wie eingangs erwähnt, zeigen sich die Götter in ihrem Wirken, und ein Mensch, der die Natur lange genug beobachtet, würde sie darin erkennen, auch ohne vorher von ihnen gehört zu haben. Er würde ihnen Namen geben – so wie es unsere Vorfahren getan haben. In diesem Sinne kannst du neben den überlieferten Namen auch mit der Bedeutung der Namen arbeiten, um noch stärker ein Gefühl für die Kraft der jeweiligen Gottheit zu bekommen. So kannst du zum Beispiel »die Sternenfrau« rufen, wenn du mit Sirona arbeiten möchtest, oder »den Wütenden«, wenn du Wotan anrufst. Das kann ganz neue Ebenen im Verständnis von Gottheiten bringen. Du benutzt die Namen dann nicht mehr »blind«, sondern vergegenwärtigst dir auch die Kräfte dahinter.

Götter

Bel, Belenus, Belobog

Die Silbe *bel* bedeutet so viel wie »hell«, »strahlend«, »leuchtend«, *bieli* bedeutet »weiß«. Bel(enus) und Belobog kommen aus der keltischen beziehungsweise slawischen Kultur, sind sich aber nicht nur im Namen sehr ähnlich. Sie sind Götter des Lichts, der Sonne und des Glücks. Sie stehen für einen gelungenen Anfang bei Unternehmungen, mit ihnen kommen Wärme und Lebensfreude ins Spiel. Die Römer setzten sie mit Apollo gleich, dem Gott der Sonne und des Heilens. Das Pferd als Sonnentier ist ihnen heilig, eine sehr alte Verbindung, wie schon bei Epona anklang.

Rufe Bel, wenn du dunkle Zeiten hinter dir lassen willst, wenn für dich endlich wieder die Sonne scheinen soll. Er hilft dabei, sprichwörtlich Licht ins Dunkel zu bringen. Wenn du den roten Faden verloren hast, wenn du deine Situation einmal aus der Vogelperspektive betrachten willst, kann er die entscheidenden Impulse bringen. Früher sagte man, die Sonne sieht alles, und in diesem Sinne sind Sonnengottheiten eine große Hilfe, wenn man einen blinden Fleck im eigenen Leben nicht sehen kann, an dem es immer wieder schwierig wird. Willst du ihnen besonders nahe sein, meditiere unter freiem Himmel auf einem Hügel oder einer Bergspitze.

Chernobog, Zernebog (wendisch)

Ist Belobog der weiße Gott, so ist Chernobog der schwarze Gott (*cherni* bedeutet »schwarz«). Ganz ähnlich wie bei Dolya und Nedolya sind die beiden Gegenspieler und gleichzeitig Teile einer großen Kraft, wie Yin und Yang. Steht Belobog für die Sonne und helle Hälfte des Jahres, ist Chernobog der Winter und die Entbehrung.

Er gehört zu den Gottheiten, die man nicht um ihren Segen bittet, sondern die man eher beschwichtigen möchte.

Heutzutage wird so etwas gern unter den Teppich gekehrt, es passt nicht so gut ins motivationsgecoachte positive Denken. Aber wenn wir ehrlich sind, hat sich das Leben nie geändert, da hilft auch keine Mentalkosmetik. Manchmal ist es einfach hart, manchmal weiß man nicht, wie es weitergehen soll. Es gibt eben auch den Winter. Dinge gehen schief, man verliert die Arbeit, wird krank, geliebte Menschen sterben, man muss sich unverhofft operieren lassen oder Vergleichbares. All das passiert, und dann muss es auch eine Kraft geben, die dafür steht. Ganz ehrlich und authentisch, weil es eben auch zum Leben dazugehört.

Unsere Vorfahren haben das sehr genau beobachtet: Ja, *das* gehört auch dazu. Es gibt auch diese Götter. Oft wurden diese dunklen Gottheiten verteufelt und waren verständlicherweise nicht besonders beliebt. Aber man hat nicht versucht (wie das heute so oft geschieht), sie auszublenden oder auf positiv zu bürsten. Ein Problem ist manchmal eben wirklich ein Problem und keine »Herausforderung«.

Arbeite mit Chernobog oder Zernebog, wie er bei uns im Wendischen genannt wird, wenn es ernst wird und dir die Dinge über den Kopf wachsen. Bring ihm Geschenke wie Früchte, Nüsse, Getreide oder Eier und leg sie auf die Erde oder an einen dunklen, uneinsehbaren Platz. Bitte ihn darum, sanfter mit dir umzugehen und seinen Fokus von dir zu nehmen.

Oft sind helle Gottheiten eine großartige Unterstützung, wenn es darum geht, das eigene Leben in gute Bahnen zu lenken. Aber manchmal kann es hilfreich sein, zuerst zu den dunklen Gottheiten zu gehen, zu den Störenfrieden und Unruhestiftern, um mit ihnen zu reden, sie zu besänftigen und dadurch wieder ins Gleichgewicht zu finden.

Dazhbog, Dajbog

Dazhbog ist der gebende Gott. Er beendet den Winter und schließt mit seinem großen Schlüssel die Tür zum Frühling auf. Dieser Schlüssel wird ihm von magischen Vögeln gereicht. Im Herbst zuvor hat er die Erde damit verschlossen (es wurde also Winter) und den Schlüssel den Vögeln übergeben, die ihn so lange in der Anderswelt (Iriy) aufbewahrt haben.

Wie Belobog hat er einen starken Bezug zur Sonne, und als Erntegott stirbt er im Herbst, um nach der Wintersonnenwende als kleiner Dazhbog wiedergeboren zu werden. Er hat einen starken Vegetationsaspekt, gibt gute Ernten, aber auch Gesundheit, Klugheit und Geschicklichkeit. Er gibt, was es zum Leben braucht. In einigen Aspekten überschneidet er sich mit Belobog, so beispielsweise mit dem Sonnenwagen, in dem er über den Himmel zieht. Er ist aber näher an der Erde, der Natur und den täglichen Bedürfnissen des Menschen.

Zusammen mit Siwa (siehe dort) bildet er nach einigen Überlieferungen das göttliche Großelternpaar der Menschen mit slawischen Wurzeln.

Frey, Freyr

Frey ist der Bruder und Partner von Freya (ähnlich wie zum Beispiel auch bei Isis und Osiris war die Geschwisterehe unter Göttern nichts Ungewöhnliches in der Antike). Sein Name bedeutet »Herr«, wie bei den meisten Göttern also eher ein Titel als nur ein Name. Seine Mutter (und die Freyas) ist Erda, die Erde. Er hat einen engen

Bezug zu ihr, ist ein Gott der Ernten, des Viehs und des Wohlstands. Wo Frey ist, gibt es nicht nur genug, es gibt auch noch die sprichwörtliche Kirsche auf die Torte.

Er ist sinnlich und spendet Fruchtbarkeit in jedem Sinne des Wortes. Ganz praktisch wurde er oft in Form eines Phallus verehrt. Du kannst ihn für alle Dinge zurate ziehen, die gedeihen oder neu entstehen sollen, Wachstum ist sein zentrales Thema. Auch in Sachen Liebe ist er ein guter Ansprechpartner.

Idealerweise geht man raus ins Freie (sic!), um mit ihm zu reden oder ihn zu ehren. Ein langer Spaziergang kann bereits helfen, mit Frey und sich selbst ins Reine zu kommen.

Jupiter

Der römische Jupiter wurde auch in den hiesigen Provinzen verehrt und vielen Göttern gleichgesetzt, damit die Römer in etwa wussten, um wen es sich bei ähnlichen Göttern handelt. Im Südwesten Deutschlands gab es sogenannte Jupitersäulen, an denen er verehrt wurde, wobei der Übergang zum keltischen Taranis und anderen Donnerern durchaus fließend war.

Seine ältere Bezeichnung Diespiter (»Vater des Tages«) geht auf *djous* für »Tag«, »Himmel« und *pater* für »Vater« zurück. Er ist der himmlische Vater und der Herrscher des Tages. Nach manchen Deutungen war er der Gott des Tages und Diana die Göttin der Nacht.

Hier sind wir also wieder im Bereich der hellen oder weißen Götter, die im Himmel und im Wetter ihren Einflussbereich haben. Jupiter schleudert die Blitze und bringt Regen, was (in Zeiten des Klimawandels wieder aktuell) eine wichtige Funktion für die Landwirtschaft und die Natur als solche ist. Ihm ist die Eiche heilig, wie allen Göttern, die mit Blitz und Donner zu tun haben.

Du kannst Jupiter anrufen, wenn du Erfolg haben willst und dabei Unterstützung von oben brauchst. Er hilft allen, die aufs Wetter angewiesen sind, und ist auch ein Gott der Gerechtigkeit. Wenn du zu Unrecht für etwas verantwortlich gemacht wirst (es muss aber wirklich zu Unrecht sein, sonst machst du deine Situation eher schlechter, wenn du ihn anrufst), wenn Dinge wie Lug und Trug oder Mobbing im Raum stehen, kann Jupiter dir hilfreich zur Seite sein und auch dabei helfen, neue Perspektiven für Lösungen zu finden.

Kernunnos, Cernunnos

Auch hier treffen wir wieder auf einen Titel als Namen einer Gottheit, Kernunnos ist »der Gehörnte«. Er wird mit einem Hirschgeweih dargestellt und zählt – genau wie Veles, zu dem wir noch kommen werden – die widderköpfige Schlange zu seinen heiligen Tieren. Das rückt ihn in die Nähe der Erd- und Fruchtbarkeitsgötter, eine Rolle, die Göttinnen und Götter gleichermaßen einnehmen können, bekanntlich braucht es beide Seiten, um neues Leben zu erschaffen.

Die heute manchmal gebrauchte Einteilung in Vater Himmel und Mutter Erde wäre unseren Vorfahren nicht sehr logisch vorgekommen. Man war noch näher dran an den natürlichen Vorgängen und hat sie nicht rational-theoretisch betrachtet. Man hat die Natur selbst zum Ausgangspunkt genommen, um die Götter, die in ihr wirken, zu erkennen. So sieht man schnell, dass neues Leben – egal, ob himmlisch oder irdisch – beide Aspekte braucht.

Viele sehen in Kernunnos auch einen Gott des Reisens und des Handels, er wird in den neuen alten Wegen oft als schamanischer Gott und Seelenführer betrachtet. Die Römer setzten ihn mit ihrem Gott der Unterwelt gleich. Wobei diese Unterwelt sehr praktisch zu sehen ist: die Welt der Bodenschätze und Edelsteine, die Kraft der Erde, alles wachsen zu lassen, was das Leben erhält. So bedeutet auch der Name des Unterweltgottes Pluto wörtlich »der Reiche«. Da gibt es viele Parallelen in der Götterwelt.

Kernunnos ist also auch ein Gott des Wohlstands und ein Gott, der die Verstorbenen sicher auf die andere Seite führen kann. Als Gott der Erde versteht er viel von den Dingen, die in und auf der Erde wachsen, das umfasst auch Heilsteine und -pflanzen, die Kraft der Metalle und der Wurzeln. Er ist ein großartiger Helfer, um die seelische und körperliche Heilung zu fördern.

Lugus, Lugh, Lleu

Lugh ist seit der Antike als Meister aller Kunstfertigkeiten bekannt. Egal, um welche Kunst und welches Handwerk es geht, Lugh ist ein Meister darin und kann natürlich auch um Unterstützung bei eigenen Bemühungen angerufen werden. Das betrifft wirklich jeden Bereich des Lebens, in dem man es zu einer gewissen Meisterschaft bringen kann.

Die Römer sahen in ihm den keltischen Merkur, voller Geschicklichkeit, der gewitzt und wissend Wohlstand und Erfolg bringt. Bis heute haben viele Städte einen namentlichen Bezug zu ihm, wie Lyon, Lutetia (heute: Paris), aber auch Legnica in Polen oder Leiden in Holland. Er wurde in Lyon an der Seite von Kybele verehrt, in Paris zusammen mit Isis. Die bereits beschriebene Rosmerta war ebenfalls häufig an seiner Seite. Wie schon erwähnt dürfen wir uns die alten magischen und spirituellen Wege nicht so vorstellen, dass jeder brav für sich seine eigene Religion und Anschauung hatte. Vermischungen waren die Regel, nicht die Ausnahme, und die Menschen waren sehr pragmatisch und gleichzeitig offen für das, was von den Göttern selbst kam.

Lugh ist der Namensgeber des Jahreskreisfestes Lughnasad am 1. August, das er zu Ehren seine Pflegemutter, der Erdgöttin Tailtiu, eingeführt hat. Früher sollen diese Festlichkeiten den ganzen Monat lang gedauert haben.

Wer so geschickt ist wie Lugh, ist natürlich auch sonst nicht unbeholfen. Lugh ist charmant und gewitzt, er weiß mit Worten zu umgarnen und kann für alle wichtigen Gespräche als Helfer angerufen werden. Egal, ob Vorstellungsgespräch oder das erste Date, mit Lugh an der Seite wird es leichter gehen.

Mars

Mars hat eine interessante Wandlung vollzogen, ursprünglich war er ein Gott des Ackerbaus und wurde als Mars Silvanus auch als Gott der Wälder angerufen. Er ist aber zugleich der Gott des Kampfes und der Verteidigung, hat allerdings eine andere Ausrichtung als der griechische Ares. Während Ares Verwüstung und Zerstörung bedeutet, geht es bei Mars um die Kraft, die benötigt wird, um Sicherheit zu schaffen, damit etwas gedeihen kann.

Seine Priesterschaft sprang im März (der Monat des Mars) über die Felder, um sie fruchtbar zu machen. Der März war im alten Rom der erste Monat des Jahres, das im Frühling begann.

Mars ist eine zutiefst männliche Kraft, während seine Partnerin Venus zutiefst weiblich ist. Der feurige Mars trifft auf die meerschaumgeborene Venus. Hier geht es um grundsätzliche Kräfte im Leben, die niemand aufhalten kann. Anklänge daran findet man bis heute in Sprichwörtern wie: Im Krieg und in der Liebe ist alles erlaubt.

Du kannst mit Mars arbeiten, wenn du etwas oder jemanden verteidigen musst. Wie beschrieben liegt seine Energie darin, die nötige Sicherheit zu schaffen, damit etwas gedeihen kann. Als kämpferische Gottheit ist er die erste Wahl, wenn es um schwierigere Themen geht, um aktiven Schutz in Situationen, denen man nicht aus dem Weg gehen kann oder will.

Er hilft aber auch dabei, Situationen zu ordnen. Als Gott des Ackerbaus ist er vertraut damit, dass man erst einmal das Unkraut zupfen muss, bevor etwas gedeihen kann. Wenn man sich an etwas stört, das man verändern möchte, gibt er die nötige Energie, es auch wirklich zu tun.

Mercurius, Merkur

Merkur ist der Gott des Handels, der Kommunikation, der Reisenden, aber auch der Diebe und der Tricksereien. Er wurde von den Kelten geliebt, wie zahlreiche keltische Beinamen zeigen, zum Beispiel Mercurius Arvernus im Rheinland, Mercurius Cissonius von Köln bis nach Frankreich, Mercurius Gebrinius in Bonn oder Mercurius Visucius, der in Stuttgart belegbar ist. Und das sind nur ein paar Aspekte, die man bis heute zurückverfolgen kann.

Im römischen Bereich ist Merkur sehr auf die Themen Geld, Handel und Kommunikation ausgelegt. Bei den Kelten kommen noch die Aspekte Fruchtbarkeit und Heilung dazu. Er wurde oft an der Seite von Rosmerta verehrt und in germanischer Richtung mit Odin gleichgesetzt. Nicht ganz unpassend, beide sind Wanderer und Reisende, wobei Merkur die magischen Aspekte annimmt, die eigentlich Odin zu eigen sind und im ursprünglichen Merkur nicht unbedingt zu finden sind. Diese Gleichsetzung ist noch bis ins 12. Jahrhundert zu entdecken und blieb letztlich bestehen: Der heutige Merkur ist auch ein Gott der Magie, ein ganzer Magiezweig, die Hermetik, wurde mit seinem griechischen Namen Hermes benannt.

Merkur ist zudem ein Führer der Seelen, sei es auf geistigen Reisen, in nächtlichen Träumen oder auf der letzten Reise, wenn er die Seelen der Verstorbenen sicher ins Jenseits geleitet.

Er ist ein gewitzter Gott, der natürlich in all seinen Bereichen angerufen werden kann: für eine schöne Reise, um Geschäfte zu unterstützen, um die Kommunikation zu fördern. Die heutigen sozialen Netzwerke sind genau nach seinem Geschmack, wie überhaupt das Internet und Medien aller Art.

Sein heilender Aspekt kommt auch gut zum Tragen, wenn man die passenden Informationen für sein Anliegen sucht. Heutzutage haben wir eher zu viele als zu wenige

Informationen, da kann der Götterbote helfen, den richtigen Weg zu finden.

Merkur ist nicht der Richtige für schwerwiegende Dinge oder Themen, die eine gewisse Ausdauer erfordern. Er schüttelt mal eben eine Lösung aus dem Ärmel und ist schon wieder unterwegs. Er bringt seine Energie am besten bei Themen mit einem gewissen Tempo ein und für Anliegen, die wieder in Fluss kommen sollen.

Njörd

Wie weiter oben bei Erda erwähnt ist Njörd der Gott des Meeres und der Seen. Er bildet zusammen mit ihr als Erdgöttin die Basis für die Welt, wie wir sie kennen. Ihre Kinder sind Freya und Freyr, wie alle Vanen-Götter steht auch Njörd für Fruchtbarkeit und Wachstum. Ihm dankte man für reichen Fischfang und erfolgreiche Seefahrten. Er war auch der Gott des fruchtbaren Landes in der Nähe von Flüssen und Gewässern. Njörd bringt also die Fruchtbarkeit des Wassers mit sich, nicht von oben im Regen, wie die Donner- und Wettergötter, sondern von unten in Seen, Flüssen und im Meer.

Er ist eine große Hilfe bei langfristigen Projekten, die man über einen größeren Zeitraum hegen und pflegen muss, damit sie gedeihen. Die Analogie zu einem Garten drängt sich hier förmlich auf: Eine Pflanze braucht nicht nur an ein paar Tagen Wasser, damit sie erblühen und Früchte tragen kann, sie braucht es immer wieder, so viel oder wenig, wie ihre spezielle Art benötigt.

Njörd unterstützt dich dabei, wenn du deine Netze auswirfst, um zu fischen, auch im übertragenen Sinne. Man kann viele Dinge fischen, beruflich wie privat. Bei Njörd geht es nicht um das eine Ziel, die eine Person oder den einen Punkt, den man erreichen will. Bei ihm geht es um die ganze Fülle und die Offenheit zu sagen: Ich schaue mal, was da alles kommt, ich lasse mich vom Leben überraschen.

Wir werden von klein auf dazu erzogen, zielgerichtet zu denken und zu handeln. Es kann sehr erfrischend sein, sich einmal auf einen anderen Ansatz einzulassen und mit einer großzügigen und wohlwollenden Gottheit wie Njörd die ganze Fülle der Möglichkeiten im Blick zu haben, statt nur eines einzelnen Zieles.

Als Gottheit, die ihrer Natur gemäß mit Weite vertraut ist, hilft er auch, wenn man seine Möglichkeiten überblicken möchte und das Gefühl hat, dass man eine Sache zu eng sieht und sich selbst damit nichts Gutes tut. Wir alle kennen diese Momente, in denen wir uns selbst und andere unter Druck setzen, weil wir einen Tunnelblick haben. Die Erfahrung zeigt, dass Njörd mit seiner Energie eine große Hilfe sein kann, diesen Druck rauszunehmen und sich der Fülle der Möglichkeiten bewusst zu werden.

Odin, Wotan, Woda, Vodha

Odin oder Wotan wird heute vor allem als germanische Gottheit betrachtet, es gab ihn aber auch bei den Slawen als Vodha. Odin hat viele Gesichter, er kann sich als imposanter Heerführer zeigen oder als unauffälliger Wanderer daherkommen. Odin ist listig und er ist kein einfacher Gott. Er ist bis heute dafür bekannt, dass er sich auch gegen die eigenen Verehrer wenden kann. Odin ist ein

Trickster, man kann ihn nicht einfach so für seine Ziele einspannen.

Freya brachte ihm die schamanische Kunst des Seidr bei, hier zeigt sich die typische Offenheit des Tricksters. Alle anderen betrachteten diese Kunst als weibisch, doch Odin geht es um das Lernen und das Wissen, dafür überwindet er alle Hindernisse, das ist sein zentraler Antrieb.

Heute wird Odin oft in einem schamanischen Kontext gesehen, als Reisender zwischen den Welten. Du kannst ihn um Weisheit und Wissen bitten, er unterstützt Orakel und hilft dabei, den eigenen Weg zu finden. Er wird dir dafür eher die richtige Frage stellen, statt die Antworten auf dem Silbertablett zu präsentieren. Odin ist unschlagbar, wenn man bestimmte Informationen sucht oder eine Erkenntnis gewinnen möchte.

Er ist ambivalent, aber er ist auch sehr zugewandt. Wir sind heute daran gewöhnt, die Dinge fest einordnen zu wollen: Ist das jetzt eine wohlwollende Gottheit oder ein schwieriger Geselle? Manchmal werden Götter dann in eine Richtung zurechtgebogen oder gemieden, obwohl sie viele gute Seiten haben. Hekate ist auch so ein Beispiel.

Odin kann beides sein, und man kann dieser Ambivalenz in der Arbeit mit ihm nicht aus dem Weg gehen. Wir erinnern uns: Unsere Vorfahren haben die Götter in ihrem Wirken erkannt und diesen Kräften dann Namen gegeben. Wenn eine Kraft beide Seiten hat – und Odin hat eben auch diese enge Verbindung zum Tod und zu den schwerwiegenden Themen des Lebens –, dann ist das so. Da kann man nichts wegdiskutieren. Man sollte sich aber daran erinnern: Eine Kraft, die Zugang zu vielen und auch dunklen Bereichen hat, kann in ihnen auch etwas bewegen.

Ogma

Der keltische Gott Ogma wurde von den Römern einerseits mit Herkules gleichgesetzt (weil eine Keule zu seinen Attributen gehört), andererseits aber auch mit Merkur, denn er ist der Gott der Redegewandtheit und gilt als Erfinder des Ogham, eines alten irischen Schriftsystems.

Auf einer alten gallischen Darstellung folgen ihm die Menschen, wobei Ketten aus Bernstein und Gold von seiner Zunge zu ihren Ohren verlaufen. Sehr passend für einen Gott der Redekunst. Er ist ein Gott, der sprichwörtlich Sand in der Wüste verkaufen könnte.

Wenn du ein wichtiges Gespräch vor dir hast, wenn du andere von deinen Ideen überzeugen und dir Gehör verschaffen willst, ist Ogma eine große Hilfe. Er hat die Kraft der Verführung durch Sprache. Um im Bild zu bleiben: Die Ketten, mit denen er die Menschen an sich bindet, sind aus warm strahlenden Materialien, nicht aus Eisen. Es geht bei ihm nicht um Härte oder scharfe Diskussionen, sondern um Leichtigkeit, mit der man die richtigen Worte trifft und die gewünschten Saiten im Gegenüber zum Klingen bringt. Andere sollen nicht mundtot gemacht oder überstimmt, sondern wirklich überzeugt werden.

Pan

Pan ist ein ländlicher und ursprünglicher Gott, der spätestens seit der Renaissance wieder die Gärten und Parks der Reichen und Mächtigen in unseren Breiten schmückte. Lange Zeit wurde er im wahrsten Sinne des Wortes verteufelt, mit seinen Hörnern und Bocksfüßen bildete er die visuelle Grundlage vieler kirchlicher Teufelsdarstellungen. Es gibt diesen alten Spruch, nach dem die Götter der einen Religion zu den Dämonen der darauf folgenden Religion gemacht werden, und kaum jemanden hat das so sehr getroffen wie Pan. Ironischerweise war er durch dieses Vorgehen bei uns über all die Jahrhunderte ausgesprochen präsent, wenn auch unter verzerrten Vorzeichen.

Pan ist ein ekstatischer Gott. Musik (die Panflöte!), Feiern, Ausgelassenheit, Sexualität und Sinnenfreude sind seine Gebiete. Er ist ein Verführer, sinnlich, bezaubernd, inspirierend und erotisch. Man sagt ihm nach, dass er sein Nickerchen in der Mittagszeit liebt, es ist also empfehlenswert, ihn nicht zu dieser Zeit mit Gebeten und Anrufungen zu stören. Um genau zu sein, erwacht er sonst mit einem Schrei, der Panik (nach ihm benannt) auslöst. Hier ist es also empfehlenswert, die guten Sitten zu beachten.

In einer Zeit, in der Effizienz und Leistungsstreben über allem stehen, in der Perfektionismus und der ewige Vergleich mit anderen das Denken prägen, können wir den lustvollen Pan ausgesprochen gut gebrauchen. Er rückt die Dinge gerade, schenkt uns wertvolle Impulse, um unsere Sinnlichkeit zurückzuerobern und das Leben von seiner prallen Seite zu betrachten. Verglichen mit der überwiegenden Zahl der Menschen auf der Erde geht es uns so gut. Wie kommt es, dass die Mundwinkel trotzdem hängen und das Leben grau erscheint? Sprich mit Pan, wenn du das ändern willst, am besten draußen in der Natur, und wenn es nur eine kleine Parkanlage ist.

Perun

Wir werden in dieser Aufzählung noch mehr Donnergöttern begegnen, sie spielen eine wichtige Rolle in den Mythen. Perun ist Svarogs Sohn und wird als Gegenspieler zum erdverbundenen Veles gesehen. Er ist der Donnerer am Himmel, der Gott, der Blitze wirft (denen man früher nachsagte, die Felder fruchtbar zu machen). Veles ist die tiefe Kraft der Erde. Schaut man genauer hin, sieht man, dass die scheinbaren Kontrahenten zwei Naturkräfte sind, die gar nicht ohne einander können. Die Landwirtschaft ist bis heute vom Wetter abhängig, und so wurde Perun sowohl für Regen und Niederschläge angerufen als auch zum Schutz vor Unwettern und Blitzschlag.

Wie alle Donnergötter hat er eine enge Verbindung zu Eichen, diesen männlich-starken Bäumen, in die der Blitz zumindest dem Volksmund nach am liebsten einschlägt. Die Elbslawen bezeichneten den Donnerstag (nach Donar benannt, im Englischen *Thursday* – der Thorstag) als *perūndan* oder *peredan*, den Tag des Perun.

Die Verehrung von Perun ist sehr lebendig, die Kirche hat noch ins 18. Jahrhundert hinein gegen ihn gewettert. Die Versuche, ihn dem Propheten Elias unterzuschieben, funktionierten nur teilweise. Elias fuhr nun plötzlich in einem Feuerwagen über den Himmel und schleuderte Blitze gegen den Teufel, weshalb sie der Legende nach so oft in Bäume und Häuser einschlugen. Die Menschen suchten aber eher Schutz vor Blitzen, und im stillen Kämmerchen wurde eben doch wieder der ursprüngliche Perun angerufen.

Man kann heute mit ihm arbeiten, wenn das Wetter verrücktspielt oder man Schutz vor negativen Energien braucht. Alle Donnergötter haben diesen reinigenden und beschützenden Aspekt. In alten Heilzaubern werden daher manchmal noch Äxte oder Hämmer auf schmerzende Stellen aufgelegt. Heute tut es natürlich auch ein Hammeramulett, das man bei sich trägt.

Svarog

Svarog ist der göttliche Schmied, sein Name wird entweder als »der im Himmel« oder als »der Handwerkende« gedeutet. Beides passt zu ihm, denn er gab den Menschen die Werkzeuge und das Feuer, um zu schmieden. Nach einer alten Legende schufen Rozanica und Rod das Universum, aber es war noch recht wackelig, sodass sie ihren Sohn Svarog baten, die Sache unter Dach und Fach zu bringen. Der ließ sich nicht zweimal bitten und befestigte alles, was nötig war, damit die Dinge in geordneten Bahnen verlaufen. So bekam die Sonne ihre Bahn, die Planeten und alles andere fand ebenfalls seinen Weg.

Zusammen mit Lada und Mokosch erschuf er die Menschen. Lada und Svarog warfen im Spiel Kieselsteine über die Schulter, Mokosch benetzte sie mit Tau und sie verwandelten sich in Menschen. Die Steine von Savrog wurden zu Männern und die Steine von Lada zu Frauen. Lada rieb die Kiesel aneinander, Funken sprühten und neue Menschen entstanden von selbst und bevölkerten die Erde (mit Feuersteinen Feuer zu machen war früher auch eine Analogie zur Sexualität).

Svarog kann gerufen werden, wenn du dein Leben oder bestimmte Bereiche davon in Ordnung bringen willst. Er hilft dabei, »es auf die Reihe zu kriegen« und sich nicht unterkriegen zu lassen, egal, wie schwierig es zu Beginn auch aussehen mag. Der alte Spruch, dass der Mensch mit seinen Aufgaben wächst, könnte direkt von ihm stammen. Rufe ihn, wenn du Kraft brauchst und noch nicht weißt, wie du die Aufgabe vor dir am besten angehst. Er kennt sich aus mit Ordnung und Struktur, er hilft dir, einen guten Weg zum Ziel zu finden.

Thor, Taranis, Donar, auch Herkules

Auch wenn die Namen und Legenden lokale Varianten aufweisen, sind wir hier bei ein und derselben Energie: dem Gott des Donners.

Thor wurde vor allem im germanischen Bereich verehrt, Perun (siehe oben) bei den Slawen, Taranis im keltischen Gebiet, Donar in Süddeutschland, und Herkules war die allgemeine römische Gleichsetzung dieser Götter. Man hat das früher nicht so verbissen gesehen. So ist beispielsweise bekannt, dass man in Anrufungen gern Formeln verwendete wie »... oder unter welchem Namen du genannt sein willst«, oder es wurden sicherheitshalber ganz allgemein »die mächtigen Göttinnen und Götter« im Gebet angerufen.

Den hier Genannten ist gleich, dass sie bärtige, gestandene Götter sind (ihrer feurigen Natur gemäß rothaarig).

Taranis wurde gern mit kleinen Rädern (*rouelles*) verehrt, die auf seinen Wagen anspielen, mit dem er polternd über den Himmel fährt. Bei Thor spielt der Hammer die Hauptrolle, auch wenn er natürlich ebenfalls im Wagen über den Himmel braust, von Ziegenböcken gezogen. Die Gleichsetzung mit Herkules lässt sich mit seiner Keule erklären und natürlich der Funken sprühenden männlichen Energie. Auch Donar hatte die sogenannte Donarskeule, die unter anderem ein Fruchtbarkeitsamulett für Frauen war.

Die Götter dieser Kategorie sind dem Menschen zugewandt, haben einen legendären Appetit und sind zuverlässig und geradlinig. Mag Odin auch der spirituelle und geistige Überflieger sein, weiß man bei ihm doch nie genau, woran man ist. Daher waren Götter wie Thor weitaus beliebter bei der breiten Masse der Menschen. Auf sie ist Verlass, sie beschützen, spielen kein doppeltes Spiel und sind trotzdem bauernschlau.

Erstaunlicherweise wird Thor auch in Südamerika verehrt – unter dem Namen Mr. Barbaro, als Teil der Wikinger- und Kriegerspirits (*corte vikinga*) in der spirituellen Tradition Maria Lionza. Dort gibt es auch direkte Inkorporationen Thors, der als Kriegerspirit gegen schwarze Magie und böse Absichten kämpft. Der Gott spricht dann durch den Körper eines ausgebildeten Mediums zu seinen Anhängern. Ja, der Geist weht, wo er will, und die Götter kommen zu denen, die sie rufen. Beispiele wie diese zeigen, dass die alten Götter sehr viel offener und wanderlustiger sind, als mancher denkt.

Mit allen Donnerern kannst du arbeiten, wenn du dich oder deine Lieben beschützen willst. Sie bringen Fruchtbarkeit und Segen, ein glückliches Leben und natürlich auch die guten Dinge im Leben. Die Donnerer sind keine

Kostverächter und wissen zu genießen. Es sind handfeste, ehrliche Götter, sie sind direkt, aber immer zu unserem Besten.

Wenn du sie um Hilfe bittest, bekommst du möglicherweise eine Ansage, die du so deutlich gar nicht hören wolltest. Das gehört dazu, bei ihnen gibt es kein »Wasch mich, aber mach mich nicht nass«. Gleichzeitig haben sie Verständnis für menschliche Schwächen. Man sollte aber kein Spiel mit ihnen spielen und sich in scheinbarer Hilflosigkeit zeigen, damit sie die Arbeit für einen machen. So etwas durchschauen sie sofort und sehen es nicht gern. Wer aber wirklich Hilfe braucht, wer gerade nicht weiterweiß oder wer (es muss nicht immer nur um Probleme gehen) einer guten Sache noch mehr Schwung geben will, ist bei ihnen goldrichtig.

Veles

Veles hat ein weites Verbreitungsgebiet und wurde bei uns unter anderem an der Ostsee verehrt. Liest man Beschreibungen von ihm, stößt man auf kryptische Bezeichnungen wie »chthonischer Unterweltsgott«. Was wird so jemand wohl im Hier und Jetzt bewegen?

Doch schnell lichtet sich das Bild: Veles ist ein Gott der Tiere, das umfasst Haustiere, wild lebende Tiere und das liebe Vieh. Der Wortwurzel seines Namens *wel* schreibt man Bedeutungen wie die Fähigkeit des Sehens (wahrsagen) und magische Kräfte zu. Er ist neben seinen sehr irdischen Aufgaben, wie beispielsweise dem Handel, auch ein Gott der Inspiration und der Magie. Er schenkt Regen, kann ihn aber auch vorenthalten. Früher glaubte man, dass er mit Perun, dem Donnergott, kämpft, wenn Regen und Gewitter wild übers Land ziehen.

Man glaubt, dass er den Menschen ihre Talente im Leben mitgibt und auch ihre körperlichen Fähigkeiten, womit er zu einem guten Ansprechpartner bei körperlichen Beschwerden wird oder in Sinnkrisen, in denen man an seiner Berufung zweifelt und den eigenen Weg sucht.

In seinen Einflussbereichen erinnert er sehr an Kernunnos, und genau wie bei allen anderen gehörnten Gottheiten gibt es eine Tendenz, ihn als einen der »dunklen« Götter zu verteufeln. Ich denke, es wäre sinnvoller, sie als männliche Kraft der Erde zu begreifen, ein Gott kann nicht nur hoch oben im Himmel wohnen und über allem schweben, er kann auch greifbar, irdisch und naturverbunden sein.

Veles ist seiner Natur gemäß eine hilfreiche Gottheit, um den guten Umgang mit Tieren auf allen Ebenen zu fördern. Er ist ein liebevoller Helfer, wenn ein Haustier erkrankt ist. Als Gott mit Unterweltsbezügen kann er eine große Stütze in Trauerprozessen aller Art sein, er hat – im wahrsten Sinne des Wortes – die nötige Tiefe dafür.

Die grüne Frau und der grüne Mann

Den meisten sind diese Wesenheiten unter der englischen Bezeichnung als Green Woman und Green Man bekannt. Aber natürlich gibt es sie auch bei uns, die Kapitelle und Schmuckornamente romanischer Kirchen sind voll von Pflanzengeistern, Naturwesen und eigenwilligen Gestalten. Die Romanik lässt sich etwa auf das 11. bis 13. Jahrhundert datieren, eine Zeit, in der noch viel altes Wissen im Bewusstsein der Menschen war. Die Sachsen wurden beispielsweise erst im 8. und 9. Jahrhundert christianisiert, viele slawische Gebiete erst im 10. Jahrhundert. Bei den Wenden (Sorben) ging die Christianisierung bis ins 13. Jahrhundert.

Der grüne Mann ist bis heute mit zahlreichen Frühlingsbräuchen verbunden. Ich kenne ihn noch aus meiner Kindheit, als der sogenannte Fiesmeier zu Pfingsten von Haus zu Haus zog. Er war über und über mit Birkenlaub geschmückt, mit Blumen und Glocken, ein sehr schamanischer Anblick. Als Kind war mir das natürlich nicht bewusst, ich war einfach nur fasziniert von dieser Gestalt, die mit fliegenden Zweigen über jeden Hof im Ort tanzte.

Der Übergang zu den Gottheiten ist beim grünen Volk manchmal fließend. So war bei den Römern Silvanus der grüne Gott der Natur und der Wälder. Die slawische Siwa vereint viele Elemente der grünen Frauen in sich und sieht in einer Darstellung aus dem 18. Jahrhundert wie ihr Prototyp aus.

Es war wie bereits erwähnt in der Geschichte nicht selten, dass die Götter der einen Epoche in der darauffolgenden Epoche entweder verteufelt oder zu »niederen Geistern« wurden. Die mächtigen Nornen wurden zu Schicksalsfeen, viele Göttinnen wurden zu weißen Frauen erklärt, die mehr an lokale Gespenster erinnerten. Denken wir an dieser Stelle auch zurück an Osiris, der oft grün dargestellt wurde und als Vegetationsgott jedes Jahr stirbt und mit der Rückkehr der Vegetation aufersteht. Das mag ein weiter Sprung sein, doch den grünen Mann findet man auf Darstellungen nicht nur in England, Frankreich oder Deutschland, er lässt sich bis hin nach Griechenland und in die Türkei nachweisen. Er befindet sich in bester mythologischer Gesellschaft mit Pan, Bacchus, den Satyrn und Faunen, von Freyr und Osiris, von Dionysos und Pan.

Die grüne Frau findet sich wie gesagt in vielen Fruchtbarkeits- und Erdgöttinnen wieder. Hier trifft man auch auf das alte Bild: Sie ist die Erde, er ist das, was auf ihr wächst. Er ist das Samenkorn, das im Winter in ihren dunklen Tiefen liegt, im Frühling keimt, danach erblüht und schließlich, wenn es reif ist, stirbt, weil es geerntet wird.

Um mit diesen beiden Gottheiten zu arbeiten, geht man am besten direkt in die Natur, und sei es nur ein kleiner Park inmitten der Großstadt. Natürlich wären laute, fröhliche Feiern in der Gemeinschaft, wie es sie in der Antike gab, ideal, um die grüne Frau und den grünen Mann zu ehren. Doch das ist nicht immer so einfach möglich, und dann hilft es, mit energetischen Brücken zu arbeiten.

In Verbindung mit der grünen Frau und dem grünen Mann

Schaffe einen Platz für die grüne Frau und den grünen Mann bei dir zu Hause. Es gibt zahlreiche schöne Darstellungen auf Papier, als Figuren und Masken, natürlich kann man sie auch selbst basteln. Dekoriere diesen Ort vorwiegend in Grün (im Frühling und Sommer) und in Erdtönen (im Herbst und Winter). Er sollte ein Abbild der aktuellen Jahreszeit sein. Wenn sich das stimmiger anfühlt, kannst du auch einen Platz für Mutter Erde und den grünen Mann gestalten. Wie gesagt, es gibt beides in der Überlieferung: die beiden als grünes Paar oder sie als Kraft der Erde und er als Kraft der Vegetation, die darauf wächst.

Geh dann an Orte, an denen du die Präsenz der beiden besonders gut spüren kannst. Das kann in einem Park sein, in der freien Natur, manchmal ist es sogar ein verwildertes Grundstück. Es geht nicht darum, dass dieser Ort wie eine schöne Naturpostkarte aussehen muss. Es geht um die Kraft, die du dort wahrnimmst.

Bring ein kleines Geschenk mit, eine goldene Münze, einen Apfel, Nüsse oder Samen. Leg es an einen hübschen Platz und such dir dafür einen kleinen Stein oder Ast (oder Vergleichbares) aus, den du mit nach Hause nimmst. Meist springt einem sofort ins Auge, was es sein soll, selbst wenn dieser Gegenstand für andere überhaupt nicht besonders aussieht. Vertraue deinem Gespür.

Leg den Gegenstand anschließend zu Hause auf deinen Platz für die grüne Frau und den grünen Mann. An diesem Ort kannst du nun zu den unterschiedlichsten Themen arbeiten, die in den Einflussbereich der beiden fallen. So zum Beispiel Wachstum und Gedeihen, Gesundheit, Ernährung, Erdung und Entspannung, Umweltschutz, Erneuerung, Wohlstand, die Themen Leben und Tod – so wie die Natur im Jahreskreis erblüht und sich dann wieder zurückzieht, aber nie wirklich stirbt, denn alles wandelt sich nur, nichts verschwindet.

Geistwesen

Es ist unmöglich, alle einheimischen Geistwesen zu benennen, denn zusätzlich zu den groben Kategorien, die man in der Überlieferung kennt, gibt es zahlreiche lokale Wesenheiten, die sich an bestimmten Plätzen befinden und die es so nur dort gibt (auch wenn man sie in die größeren Kategorien wie Elfe oder Nixe einreihen kann). Es ist sehr lohnend, nach Sagen und Brauchtum in der eigenen Region zu forschen. Vieles wurde nach der Christianisierung verdreht oder verteufelt, aber in den meisten Geschichten schimmert trotzdem durch, worum es wirklich ging. Grundsätzlich kann man sagen: Egal, wie schwierig eine Geschichte anfangs zu interpretieren ist, wenn etwas so wichtig war, dass man eine Geschichte darum kennt, dann gibt es eine tiefer gehende Bedeutung.

Ich stelle dir im Folgenden die groben Kategorien der Geistwesen vor, oder sagen wir besser: ein paar wesentliche Kategorien. Die Geistigen entziehen sich gern der eindeutigen Zuordnung, und wir sollten im Hinterkopf behalten, dass diese Kategorien von Menschen gemacht sind. Sie spiegeln immer nur *einen* möglichen Blickwinkel wider. Wenn du in der individuellen Arbeit mit diesen Wesenheiten andere Erfahrungen machst, vertraue deinem Gespür. Erfahrung wiegt schwerer als schlaue Büchern und Definitionen.

Feen

Über die Gemeinsamkeiten von Elfen und Feen gibt es viele verschiedene Ansichten, der Volksmund benutzt die Worte oft ohne Unterscheidung. Tatsächlich gibt es aber deutliche Unterschiede, die sich vereinfacht so zusammenfassen lassen: Eine Fee ist ein Schicksalsgeist, eine Elfe ist ein Naturgeist.

Feen gehören zu den *fatua*, den Schicksalsgöttinnen, und befinden sich damit in der Nähe der Nornen oder der weißen Frauen. In vielen Sagen gibt es das Motiv, dass zur Geburt eines Kindes drei Feen erscheinen, von denen eine das Schicksal des Kindes verkündet. Auch am Ende des Lebens erscheinen sie am Bett. In einer Legende hat ein Heiler die Gabe, sie zu sehen, und wenn die Fee am Fußende des Betts steht, weiß er, dass dem Kranken nicht mehr zu helfen ist. Einmal dreht er aus Mitleid das Bett herum, sodass die Fee nicht mehr an dessen Fußende steht. Der Kranke wird wieder gesund, aber der Heiler verliert die Feengabe zu heilen.

Diese alten Geschichten können sich heute wie Märchen anhören. Es liegt wohl auch daran, dass wir nicht mehr viel direkte Erfahrung mit dem Tod haben. Mir haben mehrfach und unabhängig voneinander Krankenschwestern, die auf Intensivstationen arbeiten, erzählt, dass sie erlebt haben, wie ein Lichtwesen im Raum stand und die Sterbenden abgeholt hat. Ganz friedlich und lichterfüllt waren diese Momente. Die meisten hatten vorher kein spirituelles Weltbild und sind erst durch diese Erlebnisse dazu gekommen, solchen Dingen auf den Grund zu gehen.

Als mein Vater als junger Mann seinen Zivildienst in einem Altersheim geleistet hat, erzählte ihm eine alte Frau, dass sie im Traum einen Engel gesehen hat, der ihr gesagt hat, dass es bald an der Zeit ist zu gehen. Sie war in Frieden mit sich und der Welt und ist wenige Tage danach friedlich eingeschlafen.

Die meisten Leute nennen es Engel, weil der Begriff Fee heute nicht mehr in seiner Ursprungsbedeutung verwendet wird. Und doch passieren diese scheinbar märchenhaften Dinge bis heute, jeden Tag.

Feen sind in den alten Geschichten nicht unbedingt Geistwesen, mit denen man diskutiert. Sie können einem zahlreiche Gaben schenken, nach alter Tradition hat einem jede Gabe und jedes Talent, das man hat, die sprichwörtliche gute Fee geschenkt. Sie kann es einem aber auch wieder nehmen, wenn man zum Schaden anderer damit umgeht.

Kontaktaufnahme

Wie wir gesehen haben, umfassen Feen den Teil des Lebens, der als Schicksal bezeichnet wird. Manche Dinge kann man ändern, andere sind einem vorherbestimmt. Feen sind nicht zu Diskussionen aufgelegt und doch kann es manchmal hilfreich sein, sie anzurufen.

Sie können dich in allen wichtigen Übergängen des Lebens begleiten, bitte sie um ihre Unterstützung dabei. Sie verwalten den Lauf des Schicksals, man kann von ihnen alles erbitten, aber es gibt meist eine Bedingung, an die man sich halten muss, so ähnlich wie der Heiler in der erwähnten Überlieferung die Endlichkeit des Lebens respektieren musste.

In der heutigen Zeit mit all ihren Möglichkeiten kann es manchmal schwer sein, sich selbst zu finden. Wer bin ich wirklich? Was kann ich gut? Was sind meine Talente und Gaben? Wenn dich solche Fragen umtreiben, sind die Feen die besten Ansprechpartnerinnen, die man sich denken kann.

Die eigene Bestimmung finden

Du kannst beispielsweise einen weißen Altar für sie gestalten, weiß ist ihre traditionelle Farbe. Nimm weiße Kerzen, eine weiße Altardecke und weiße Blumen und was dir noch gut gefällt als Dekoration. Als Räucherwerk sind Beifuß oder Wacholder ideal, wer leichtere Düfte bevorzugt, liegt mit Dammar oder Mastix richtig. Nimm dann drei weiße Fäden, und während du sie zu einem Zopf verflechtest, bittest du die Feen, dir zu helfen, deine Bestimmung und deine Gaben zu finden.

Lass diesen Zopf so lange auf dem Altar liegen, bis die Kerzen herabgebrannt und verlöscht sind. Trage den Zopf aus Fäden danach bei dir oder leg ihn auf deinen Hauptaltar oder in ein kleines Kästchen an einem hübschen Ort in der Wohnung. Wenn sich dein

Wunsch erfüllt hat, löse die Verflechtung der Fäden wieder auf und lass sie an einem windigen Tag vom Wind davontragen.

Elfen und Zwerge, Nymphen und Satyrn, Wila

Im Gegensatz zu den schicksalsverbundenen Feen betreten wir bei den Elfen und Nymphen das Reich der Naturgeister. Der Ursprung des Wortes Elfen geht auf Elbe, Alb oder das nordische *álfr* zurück, das in Richtung »weiße, glänzende Gestalt« gedeutet wird. Ähnlich wie die Feen erscheinen diese Geistwesen gern in einer hellen, leuchtenden Form. Das helle Glänzen kann sich aber auch auf ihre Ausstrahlung beziehen, wie jeder magische Praktiker bestätigen kann. Diese Wesenheiten strahlen. Sie sind nicht unbedingt weiß, aber sie haben ein gewisses Leuchten. Mal ganz subtil, mal gleißend hell.

Die germanische Tradition kennt Licht- und Dunkelelfen, wobei mit Letzteren Zwerge und andere Geistwesen, die in der Erde leben, gemeint sind. Freyr gilt als Schutzherr aller Elfen, was für einen so naturverbundenen Gott sehr stimmig ist. Er ist in gewisser Weise der Elfenkönig und Freya als seine Schwester die Elfenkönigin. Anklänge an diese Motive findet man auch bei Frau Holle, die von zahlreichen Elfen und kleinen Seelchen in ihrem Gefolge umgeben ist.

Auch wenn wir heute noch das Wort Albtraum kennen, sind Elfen generell freundlich gesinnte Wesen, die als kunstfertig gelten und ihre Künste auch Menschen lehren. Sie haben eine enge Verbindung zur Natur, den

Pflanzen und ganz besonders den Bäumen (die Dryaden und Baumgeister sind eine Unterform der Elfen).

Damit sind wir auch schon bei den Nymphen, die ebenfalls Naturgeister sind und das schamanische Konzept der beseelten Natur verkörpern. Man ist geneigt, Nymphen ins ferne Griechenland zu verlegen, aber wir dürfen nicht den römisch-griechischen Einfluss auf unsere Geisteskultur vergessen. So leitet sich der Name der Stadt Nürnberg von *nor* her, das »steiniger Fels« bedeutet. Noch im Jahre 1650 wurde diese Bezeichnung in der Nymphe Noris personifiziert, die über die Stadt wacht.

Nymphen sind Kräfte der Vegetation, des Wachstums und der Lebendigkeit als solcher. Sie leben in Bäumen, tanzen an Quellen, Seen, Flüssen (bei uns in Form der Nixen) und im Regen. Sie bevölkern Berge und Höhlen, das Meer (die Meerjungfrauen), Wald und Wiese und sogar den Sternenhimmel. Das geheimnisumwitterte Sternbild der Plejaden besteht der Legende nach aus sieben Nymphen, die zu Sternen geworden sind (oder im schamanischen Denken: die guten Geister dieser Sterne sind).

Nymphen haben eine enge Verbindung zu den Naturgottheiten (ganz ähnlich wie die Elfen zu Freyr) wie zum Beispiel Artemis, Dionysos, Aphrodite und natürlich den Satyrn, die als Naturgeister ihr männliches Pendant bilden.

Das Wort Nymphe bedeutet sinngemäß »junge Frau« und ist somit identisch mit unseren »jungen Frauen«, wie im Wort Meerjungfrau oder den verschiedenen Jungfrauen, die im Reigen in frühen Morgenstunden über die Wiesen tanzen, mit bestimmten Steinen oder Höhlen verbunden sind (später oft als Marien-Erscheinungen umgedeutet) oder als weiße Frauen an bestimmten Orten wohnen sollen.

Aus dem slawischen Kulturkreis gesellen sich die Wila hinzu, die sich ebenfalls gern an Gewässern, in Gebirgen und in Wald und Flur aufhalten beziehungsweise die geistigen Kräfte dieser Orte sind. Genau wie die Elfen und Nymphen stehen sie den naturverbundenen Göttern nahe, in diesem Fall der Göttin Mokosch, der feuchten Mutter Erde.

Sieht man im Wald Pflanzen (meist Pilze), die im Kreis wachsen, ist das ein heiliger Tanzplatz der Wila, bei uns ist die gebräuchliche Bezeichnung dafür Elfenring (ein Foto eines solchen Elfenrings findest du im Bildteil). Wie alle anderen Elfen und Nymphen sind sie dem Menschen wohlgesonnen, sollten aber respektiert werden, sonst rächen sie sich.

Kontaktaufnahme

Hier geht es schon deutlich lustiger zu als bei den Schicksalsfeen. Wer kennt nicht die bezaubernden Bilder unterschiedlicher Epochen, auf denen tanzende Elfen abgebildet wurden, oder Shakespeares unvergleichlichen »Sommernachtstraum«? Auch wenn es ganz sicher knorrige, dem Menschen nicht wohlgesonnene Elfen gibt (besonders den Zwergen sagt man nach, dass sie nicht mit jedem warm werden), haben die meisten ein fröhliches Gemüt, das zu ihrem fruchtbaren und inspirierenden Wesen passt.

Der ideale Ort für die Kontaktaufnahme ist natürlich die freie Natur. Einer Meeresnymphe oder Meerjungfrau wird man am besten am Meer begegnen, eine Waldnymphe findet man im Wald, Nixen oder Baumgeister am

Wasser oder in genau dem Baum, der vor einem steht. Natürlich kann man auch mit Symbolen arbeiten, mit Bildern, Fotos oder Gegenständen, die man von den entsprechenden Orten mitnimmt. Es hat schon seinen Grund, dass wir am Meer plötzlich alle zu Muschelsuchern werden. Aber man muss klar dazu sagen, dass nichts über den direkten Kontakt geht.

Dazu sind die altbekannten Übergangszeiten empfehlenswert: das Zwielicht der Morgen- und Abenddämmerung und der Mittag. Selbst in einem Park in der hektischen Großstadt kann man den Elfen und Zwergen, Wila und Nymphen begegnen. Man muss so etwas immer zu Ende denken: Wenn dort keine Naturgeister wären, würde es an diesen Orten keine lebendigen Pflanzen und Tiere geben. Diese Geister *sind* die Kraft, die sie leben lässt. Das ist nicht symbolisch, sondern wörtlich zu verstehen.

Natürlich gibt es einen Unterschied zur freien Natur, wo sie die Oberhand haben und der Mensch eher ein Besucher ist. Dort spürt man ihre Kraft ungleich stärker. Trotzdem hat jeder Stadtlöwenzahn, der sich zwischen zwei Betonplatten der Sonne entgegenstemmt, einen sogar ziemlich starken Geist.

Wir sind nie allein und man kann auch in der Stadt bedeutungsvolle Begegnungen haben. Vor einer Weile saß ich zum Beispiel auf einer Decke im Park, etwas weiter entfernt saßen Paare zusammen, Leute gingen mit ihren Hunden spazieren, Familien grillten. Alles ganz normal und friedlich, als ich bei einigen Bäumen eine Gruppe von Elfen bemerkte. Zart und fließend, durchscheinend und doch strahlend. Man sieht sie und sieht sie auch wieder nicht, jedenfalls nicht mit den körperlichen Augen. Wer diese Erfahrung schon einmal gemacht hat, weiß, was ich meine. Sie schauten uns zu und waren dann wieder mit sich beschäftigt. Seitdem ist diese Wiese auf meiner inneren Stadtkarte die Elfenwiese und ich bin ihnen verschiedentlich wieder begegnet.

Du kannst die Elfen deiner Umgebung mit schönen Dingen erfreuen, Räucherwerk wird besonders gern genommen. Bunte Perlen auf eine natürliche Schnur aufgezogen und in die Bäume gehängt, mögen sie ebenfalls gern. Was du tust, sollte schön sein, ansprechend aussehen und liebevoll gemacht sein. Du kannst kleine Figuren aufstellen und dekorieren (der kitschige kleine Gartenzwerg der Deutschen ist tatsächlich eine Hommage an die Erdgeister). Manche gestalten kleine Elfenhäuschen aus Naturmaterialien und bringen sie nach draußen. Es kann sehr schön sein, in einem Park in der Abenddämmerung auf einer Decke zu sitzen und in kleinen Gläschen Teelichte zu entzünden. Diese einfachen Rituale berühren oft mehr als ein großer, komplizierter Aufbau, der einen vom Nachspüren und Wahrnehmen des Moments abhält.

Wenn du unsicher bist, was geeignet wäre, geh an den Platz, dem du etwas geben möchtest, und setz dich dort eine Weile meditativ hin. Ich kann an dieser Stelle keine Patentrezepte geben, weil ich die Elfen vor Ort nicht so gut kenne wie du. Man bekommt fast immer sehr genaue Botschaften, was gewünscht wird. Manchmal auch erst ein paar Tage später, es muss also nicht sofort sein.

Viele Menschen zweifeln anfangs: Bilde ich mir das alles bloß ein? Ich empfehle ihnen dann: Wenn deine Eingebung nicht unvernünftig ist, probiere es aus. Das Vertrauen in die eigene Wahrnehmung kommt mit wachsender Erfahrung. Würden wir in einer Kultur wie in Japan leben, wo es ganz normal ist, die *kami* (Geister oder

Götter eines Ortes) zu ehren, müssten wir uns das nicht erst erarbeiten, es wäre alltäglich. Doch denken wir an die wunderbaren Bilder der Renaissance, die Elfen beim Tanz zeigen, oder an die verträumten und mystischen Darstellungen des Jugendstils: Auch unsere Kultur ist durchdrungen vom Wissen, dass da mehr ist.

In vielen Sagen finden wir das Motiv, dass die Heldin oder der Held zuerst eine gute Tat vollbringen muss und dann einen Wunsch frei hat. Wer einfach so mit seinen Wünschen loszieht, wird nicht unbedingt vom Glück bedacht. Auf die heutige Zeit bezogen bedeutet das: Tue etwas Gutes für die Naturgeister. Es mag sich fast zu einfach anhören, aber ich habe immer wieder die Erfahrung gemacht, dass sie es sehr zu schätzen wissen, wenn man herumliegenden Müll wegräumt. Jede Zeit hat ihre Aufgaben, und wenn wir nicht im Bereich des Märchens bleiben, sondern es wirklich leben wollen, dann müssen wir uns anschauen, was heute gebraucht wird.

Hausgeister

Neben den Geistern der Natur gibt es natürlich auch noch die häuslichen Geister. Die Heinzelmännchen und Kobolde, den Geist des Hauses, des Herdfeuers und die vielen kleinen und größeren Wesenheiten, mit denen man zusammenlebt. Hausgeister sind eine Form der *genii loci*, der Geister eines Ortes. Da wir mit ihnen jeden Tag zu tun haben, sollten wir sie unbedingt miteinbeziehen.

Im slawischen Bereich kennt man die Domovoi, bei uns die Wichtel, im römischen Einfluss die Laren und Penaten. Sie alle haben gemeinsam, dass sie Ordnung schätzen und beachtet werden wollen. Als im Herd noch ein echtes Feuer brannte, war das oft der heiligste Ort im Haus und das Feuer bekam von jeder Speise eine Kleinigkeit ab. Das Herdfeuer war in zahlreichen Zaubern für Schutz und Segen die zentrale Stelle.

Hausgeister wissen Aufmerksamkeiten zu schätzen, zum Beispiel einen Teller mit Essen und ein gutes Getränk, das man ihnen über Nacht in die Küche oder auf den Esstisch stellt. Es dürfen auch mal Süßigkeiten und ein starker Tee oder Kaffee sein. Sie sind keine Kostverächter.

Kontaktaufnahme

Am besten hält man Ordnung (zumindest halbwegs), putzt immer mal durch und schafft einen kleinen Platz für die Hausgeister, dann sollte im Kontakt zu ihnen alles glattgehen. Sehr schön ist ein Küchenaltar, das kann auch ein kleines Wandregal sein, das man extra zu diesem Zweck anbringt und mit einer (idealerweise roten) Kerze schmückt. Es muss nicht groß sein, Hauptsache, es ist mit Liebe gemacht.

Traditionell ehrt man die Hausgeister besonders in den Rauhnächten zwischen Weihnachten und dem 6. Januar. Dann sind Räucherungen mit Wacholder ideal, dazu schmackhafte Speisen, süß und herzhaft, ein Glas Milch, Eier, vielleicht auch ein Schnäpschen. Wer das ausbauen möchte, besorgt sich ein hübsches kleines Puppengeschirr und serviert damit alles auf dem Küchenaltar.

Hausgeister sind nicht sehr scheu, wenn man sie gut behandelt. Du kannst sie ganz direkt um Eingebungen bitten und sie werden dir sagen, was zu tun ist. Oft sind das auch praktische Aufgaben, wie zum Beispiel: An dieser Stelle wäre eine Pflanze schön. Oder: Mach doch mal was mit dieser Ecke hier, die wirkt ein bisschen trostlos.

Generell sollte man an die Hausgeister denken, wenn man in die Wohnung kommt und das Gefühl hat, sie sieht so grau aus, da ist gar keine Energie mehr drin, alles wirkt so fahl und wie »von allen guten Geistern verlassen«. Solche Momente gibt es immer wieder, das ist kein Problem. Sie sind einfach nur ein Zeichen dafür, dass es mal wieder Zeit für eine Erneuerung und ein bisschen Fürsorge für die Räume und die Hausgeister ist.

Die Kraft der Ahnen

In der asiatischen Welt ist die Verehrung der Ahnen ganz normal. In manchen Ländern ist es sogar so, dass alle Namen bereits auf dem Grabstein der Familie stehen, allein die Farbe der Schriftzeichen sagt aus, wer unter den Lebenden weilt und wer bereits ins Jenseits vorangegangen ist.

Die Ahnenverehrung spielt in zahlreichen Ländern auf der ganzen Welt eine wichtige Rolle. Auch wir pflegen die Gräber unserer Angehörigen, erzählen gern die lustigen, traurigen oder kuriosen Geschichten unserer Vorfahren, die wir noch in Erinnerung haben. Trotzdem haben viele von uns den Eindruck, dass wir abgeschnitten von diesem Thema wären, und tun sich schwer damit. Ich glaube, das liegt vor allem am Blickwinkel. Jede Kultur macht es auf ihre Art. Wir kennen unter christlichem Vorzeichen den Totensonntag und Allerseelen, auch das vorchristliche Samhain beziehungsweise Halloween hat sich wieder einen Namen gemacht und ist neben dem Gruselspaß für die Kleinen (und Großen) für viele Menschen auch ein Tag der Besinnung.

Der Umgang mit dem Tod verändert sich ebenfalls. Noch vor ein paar Jahren sahen Friedhöfe sehr einheitlich und etwas streng aus. Da gab es den üblichen Grabstein, die übliche Bepflanzung, das übliche Grablicht. Heute haben Steinmetze ein vielfältiges und kreatives Angebot, man sieht viel mehr persönliche Gegenstände auf den Gräbern, wie kleine Engel und Figuren, bunte Solarlampen oder Windspiele.

Vielleicht ist es also besser, wenn man sagt, dass viele Menschen gern mehr tun würden und tiefer in die Materie einsteigen möchten. Denn dass wir überhaupt nichts machen und so gar keine Verbindung zu unseren Ahnen hätten, das stimmt nicht. Wir sehen es bloß nicht, weil es uns so vertraut ist und die Rituale anderer Kulturen eindrücklicher auf uns wirken als das Bekannte.

Im Kapitel über die Gottheiten hatte ich erwähnt, dass manche ein Problem damit haben, dass auch die Götter nicht perfekt sind – wo es doch schon Götter sind. Dieses Problem gibt es bei den Ahnen ganz genauso. Man würde sie ja gern ehren, aber da gab es Streitigkeiten, es gab Brüche und viele unaufgelöste Dinge, die manchmal über Generationen nachwirken, selbst wenn das eigentliche Problem gar nicht mehr erinnert wird. Es gibt dann so ein diffuses Gefühl von: Da ist etwas, ich lasse lieber die Finger davon.

Natürlich muss niemand Ahnen ehren, die sich einen feuchten Kehricht um die Gemeinschaft geschert haben oder sogar direkt zerstörerisch gewirkt haben. Ich glaube, *Gemeinschaft* ist hier das Schlüsselwort. Es geht um eine Gemeinschaft über den Tod hinaus. Zu einer Gemeinschaft kann nur gehören, wer sie unterstützt, und nicht, wer sie untergräbt.

Trotzdem haben wir manchmal zu hohe Ideale oder kennen nicht das ganze Bild. Die Großtante, die immer so bitter war in ihren alten Jahren: War sie vielleicht einmal ein junges Mädchen, dem damals noch jeden Tag signalisiert wurde, dass sie »nur ein Mädchen« ist, im Gegensatz zu ihrem von allen vergötterten Bruder?

Viele Wunden entstanden aufgrund gesellschaftlicher Zwänge, und die Kriege haben ein Übriges getan. Was heute als Traumatisierung zur Sprache kommen würde, wurde damals einfach unter den Tisch gekehrt. Wir haben das Glück, in einer Zeit zu leben, in der psychologische und spirituelle Begleitung ohne Moralapostel möglich ist. In der es zu so gut wie allen Problemen Selbsthilfegruppen gibt, mittlerweile über das Internet für jeden leicht zu erreichen.

Seien wir also nicht zu streng, zumal wir selbst auch unsere Fehler haben. Manchmal wollen Verstorbene auch wiedergutmachen, was im Leben nicht möglich war. Es ist wichtig, feinfühlig auf Sicht zu fahren und wann immer sich Änderungen ergeben, diese authentisch in die eigene Arbeit mit den Ahnen einzuflechten.

Einen Ahnenaltar gestalten

Wenn du spürst, dass die Arbeit mit den Ahnen für dich wichtig ist, kann ein Altar als Fokuspunkt eine große Hilfe sein. Für manche bleibt er langfristig bestehen, andere arbeiten nur damit, wenn es gerade dran ist, und haben phasenweise einen Ahnenaltar.

Es gibt im Grunde nur zwei Grundregeln für so einen Altar: Es darf sich kein Salz darauf befinden, denn Salz vertreibt Geister, auch die der Verstorbenen. Das ist eine alte Regel aus der Volksmagie, und sie darf gern etwas gebogen werden. Nehmen wir an, einer deiner Ahnen mag deftige Wurst als Geschenk, wenn du ihm gedenkst. Natürlich enthält Wurst Salz, und Puristen würden sie deshalb nicht verwenden. Hier gilt der Spruch: Versuch macht klug. Probier es aus, in manchen Fällen blockiert das Salz tatsächlich den Energiefluss, aber vielfach funktioniert es ganz wunderbar. Trotzdem wollte ich diese alte Grundregel weitergeben, damit du sie kennst. Sonst stellst du möglicherweise eine Salzkristall-Lampe auf den Altar und wunderst dich, warum er kein Eigenleben entwickelt, sondern seltsam verlassen wirkt.

Die zweite Grundregel lautet, dass man keine Fotos von Lebenden darauf stellt. Nehmen wir an, du hast ein Familienfoto, auf dem manche Familienmitglieder verstorben sind, andere aber noch leben. So ein Foto sollte nicht auf einen Ahnenaltar gestellt werden.

Natürlich stellt sich auch die Frage nach den Ahnen im Geiste. Darf man auf einem Ahnenalter nur Blutsverwandte ansprechen oder auch Menschen, deren Wirken das eigene Leben geprägt hat? Zum Beispiel, weil sie den eigenen Beruf maßgeblich beeinflusst haben, wie es manche Ärzte machen, die den hippokratischen Eid gerahmt in ihrer Praxis aufhängen. Oder ein Künstler, dessen Werk einen immer wieder bezaubert. Hat Elvis nicht Schreine überall auf der Welt? Es gibt Menschen, die ihn tatsächlich als Heiligen verehren – und warum auch nicht, wenn er ihnen so viel Kraft gibt?

Generell fällt die Heiligenverehrung in den Bereich der Ahnenverehrung, das ist in den christlichen Legenden nicht anders als irgendwo sonst. Die ersten Ahnen spielen in vielen Mythen eine wichtige Rolle, und in manchen afrikanischen Kulturen ist der Übergang zur Gottheit fließend. So war der Donnergott Shango ursprünglich ein König, der später zum wichtigen Ahnen und noch etwas später zum Gott wurde.

Ich beschreibe das so ausführlich, weil ich zeigen will, dass die Grenzen fließend sind. Du kannst auf deinem Ahnenaltar auch Menschen ehren, die dir etwas bedeuten, weil ihr Wirken dein Leben maßgeblich beeinflusst und sie dir wichtig sind.

Natürlich bieten sich Fotos und Bilder an (im Fall von Elvis wird man sogar Figuren bekommen), um den Altar zu gestalten. Aber es ist gut, auch noch ein weiteres Symbol zu haben, um alles zu verbinden und auch die Ahnen einzubinden, die viel für einen getan haben, ohne dass man es je erfahren wird. Dazu ist ein Baum ideal, du kannst ihn als Figur oder als Bild einbeziehen und er sollte mittig liegen oder stehen. Ich habe einen kleinen, geschnitzten Teller mit einem Baum darauf, man kann natürlich auch selbst einen Baum aus Naturmaterialien gestalten, ein hübsches Edelsteinbäumchen verwenden oder was auch immer einen anspricht.

Wichtig ist zudem eine Kerze oder ein Teelicht für das Licht, das die Verbindung durchziehen soll, und eine Schale mit Wasser, denn Wasser ist das Element der Ahnen. Blumen sind eine schöne Idee, das können auch Seidenblumen sein, wenn sie hübsch gemacht sind. Dazu je nach Wunsch eine Räucherschale oder Duftlampe, du kannst auch ein Potpourri verwenden.

Wenn du möchtest, kannst du Erbstücke einbeziehen, bei einem Künstler zum Beispiel Postkarten seiner Werke, ein Bild von ihr oder ihm oder eine Schallplatte. Es ist auch möglich, auf einer Seite des Altars die eigenen Verwandten zu ehren und auf der anderen Seite die Ahnen im Geiste.

Wann ist es stimmig?

Für Altäre werden oft die unterschiedlichsten Regeln aufgestellt, aber es geht viel einfacher. Du gestaltest diesen Ort und schaust ihn an: Ist es stimmig? Wenn du dabei ein warmes, entspanntes Gefühl hast, dann ist alles in Ordnung. Melden sich leise Zweifel oder fühlt es sich irgendwie unrund an, machst du weiter.

Oft hilft es, eine oder mehrere Nächte darüber zu schlafen, und sehr oft ergeben sich die berühmten Zufälle, während man überlegt und in der Gestaltungsphase ist.

Noch eine ganz praktische Anmerkung: Wir leben in Zeiten hoher Mieten, von Hauspreisen ganz zu schweigen. Ich kenne einige Familien, die mit zwei oder drei Kindern in einer Dreiraumwohnung leben, obwohl beide Eltern gut verdienen. Aber auch wenn du Single in einem kleinen Apartment bist, in einem WG-Zimmer oder im Altersheim lebst, kann sich die Frage aufdrängen: Wo den Platz für all die Altäre hernehmen? Wenn möglich ist es natürlich schön, sich auszubreiten und zu gestalten. Aber es ist eben nicht immer möglich. In diesem Fall ist die Arbeit mit konzentrierten Symbolen hilfreich. Du kannst dann zum Beispiel einen Baum als Figur oder Abbildung verwenden und daneben eine Kerze und ein Schälchen mit Wasser stellen. Neuen Platz schaffen auch Wandregale oder kleine Konsolen, die man als Altar benutzt. Hat man wirklich gar keinen Platz, geht auch ein Bilderrahmen mit Kerzenhalter daneben an die Wand montiert. Man kann und darf erfinderisch sein. Schaut man sich die unterschiedlichsten Altäre weltweit an, wird man alles finden, vom üppigen Altarraum, der eigens für alles, was einem heilig ist, eingerichtet wurde, bis zu ein paar Stöcken, die auf eine bestimmte Art in die Erde gesteckt werden und damit den heiligen Ort markieren. Am Ende des Tages geht es immer um die Kraft, die spürbar wird, um die Verbindung. Das ist das Entscheidende.

Welchen Einflussbereich haben die Ahnen?

Die Ahnen ruft man vor allem für die Themen des täglichen Lebens an. Da geht es um Probleme und Herausforderungen, aber natürlich auch um schöne Dinge, denn geteilte Freude ist doppelte Freude.

Viele unserer Eigenarten haben mit den Ahnen zu tun. Die Forschung ist noch uneins, ob das eher an den Genen oder mehr an überlieferten Denk- und Handlungsmustern liegt, die Wahrheit wird sich wohl irgendwo in der Mitte befinden. Es passt so gar nicht ins individualistische Denken, und doch sieht man immer wieder, wie sich Dinge wiederholen oder bestimmte Interessen in einer Familie in jeder Generation auftauchen. In der älteren Generation war man sich dieser Dinge noch sehr bewusst, da hieß es oft: Das hat sie von dem ..., das hat er von der ... Oder man stellte ratlos fest: Ich weiß auch nicht, von wem er das hat.

Etwas von jemandem haben – dieser Satz hört sich erst mal alltäglich an, und doch steckt darin viel Weisheit, was die Ahnen betrifft. Wir sind keine rein individuellen Wesen, wir sind eine Mischung aus eigenem und dem, was wir von den anderen haben.

Die Ahnen übergeben uns aber nicht nur Eigenschaften, sie helfen uns auch voranzukommen. Sie wollen uns glücklich und zufrieden sehen. Vom Liebeskummer bis zum Lebenstraum, von den Herausforderungen mit den Kindern bis zur Pflege der Alten, von beruflichen Stolpersteinen bis zum Glück, seinen Weg zu machen, von der Reiselust bis zur gepflegten Häuslichkeit: All diese Menschen hatten genau dieselben Themen in ihrem Leben, und sie haben Erfahrungen gesammelt, die uns noch fehlen.

Man denkt dann vielleicht: Aber wir machen ja jetzt alles anders als damals, wie sollen die Ahnen da ein Rezept haben? Die Ahnen verbinden die Zeiten. Sie schlafen nicht, sie bekommen hellwach mit, was auf unserer Seite des Vorhangs passiert. Wir entwickeln uns nicht nur im Leben weiter, sondern auch auf der anderen Seite. Natürlich sind es unterschiedliche Ebenen und man hat – bildlich gesprochen – nicht immer eine Standleitung zueinander. Es ist mehr, als würde man immer mal anrufen oder sich besuchen. Doch diese Kontakte reichen aus, um »die da drüben« auf dem neuesten Stand zu halten.

Du kannst also zu allen Themen des Lebens mit ihnen arbeiten, es gibt nichts, was ausgeschlossen wäre. Die Ahnen haben diese familiäre spirituelle Ebene. Was du mit ihnen besprichst, geht nicht gleich »offiziell« an die großen Götter raus, sondern wird erst mal im kleinen Kreis geklärt und wenn möglich gleich bereinigt. Ist das nicht möglich oder braucht es noch mehr Input von außen, kann man noch weitere Ebenen hinzuziehen, wie eben auch die Götter.

Verbindungen und Veränderungen

Im Grunde gilt bei den Ahnen der alte Spruch: Nichts Menschliches ist ihnen fremd. Sie kennen alle Situationen, in die wir geraten können, weil sie vor uns hindurchgegangen sind. Sie kennen auch die Peinlichkeiten, die Gefühle der Scham und der Unzulänglichkeit. Gerade solche sehr persönlichen Empfindungen und Herausforderungen sind bei den Ahnen gut aufgehoben.

Es wird oft gesagt, dass man von den Ahnen nicht erwarten kann, dass sie auf der anderen Seite klüger sind, als sie im Leben waren. Hier wird jeder seine eigenen Erfahrungen machen, aber meine Erfahrung widerspricht dem. Die Ahnen behalten ihr grundlegendes Naturell. Der ruhige, besonnene Opa wird nicht plötzlich zum Hansdampf in allen Gassen. Eine sehr strenge und rigide Person wird nicht sofort zum Sonnenschein. Und doch entwickeln sie sich weiter, es gibt keinen Stillstand im Leben und es gibt ihn auch nicht im Tod. Es geht immer weiter.

Somit können die Grenzen, die im Leben getrennt haben, langsam verwischen und sich abmildern. Eine Person, deren Strenge zu Lebzeiten für alle eine Belastung war, kann mit den Jahren weicher werden. Das braucht seine Zeit. Aber auch »drüben« geht das Leben weiter, unsere Ahnen sind keine eingefrorene Version ihrer selbst. Es ist ohne all die Beschränkungen, die einem die

Körperlichkeit und die gesellschaftlichen Konventionen auferlegen, sogar leichter, sich weiterzuentwickeln.

Ahnenpflanzen

Zahlreiche Pflanzen haben eine enge Verbindung zu den Ahnen und können daher genutzt werden, um den Kontakt von hüben nach drüben zu erleichtern. Die Spirits und Energien der Pflanzen werden dabei, bildlich gesprochen, zu einer Art Regenbogenbrücke, über die man sich leichter verständigen kann.

Kräuter für die Ahnenmagie nutzen

Du kannst die unten aufgelisteten Kräuter als Räucherwerk verwenden, als Potpourri, als ätherisches Öl in der Duftlampe oder als Streukräuter für deinen Altar. Sie können in Medaillons oder mit Schmuckdraht als Anhänger gefasst getragen werden. Das Beisichtragen von Kräutern hat eine lange Tradition, früher wurden besondere Kräuter sogar in Gold und Silber als Schmuckanhänger gefasst.

Folge deiner Intuition. Ich weiß, dass sich dieser Satz manchmal so lesen kann, als würde ein Autor sagen: Mach mal selbst weiter an dieser Stelle. In gewisser Weise bedeutet es das auch, aber auf eine gute Art und Weise. Es gibt diesen Punkt, ab dem die eigene Intuition, das eigene Gespür den Fall übernehmen muss. Äußere Informationen können den Weg dorthin bereiten, aber dann muss man selbst anfangen. Und das Schöne ist: Man bekommt dann auch die berühmten kleinen Winke, nicht mehr vom Autor, sondern aus der geistigen Welt selbst.

Es ist egal, wie klein du anfängst, das ist überhaupt nicht wichtig. Die Wege sind bekanntlich verschieden, damit jeder einen Weg finden kann. Vergleiche dich nicht mit anderen. Nimm mit, was dich weiterbringt, und lass den Rest beiseite.

Die folgenden Hinweise auf einzelne Ahnenkräuter und ihre Anwendungsbereiche sind ein guter Anfang. Probiere aus, was dich anspricht, und vertiefe es, wenn es sich bewährt. Jeder hat seine individuelle Situation, und oft spürt man intuitiv, welche Pflanze geeignet ist. Das ist die Ebene des Körperwissens, die weit über die Sprache hinausgeht. Die Nase leitet uns, das Gefühl gibt uns grünes Licht, und ab diesem Punkt braucht es keine Beschreibungen mehr, wir »wissen« dann einfach, was das Richtige ist.

Alant

- für lichtvolle Verbindungen
- gut geerdeter Kontakt
- sehr hilfreich, wenn man sich gerade erst an das Thema Ahnen herantastet

Angelika/Engelwurz

- starke Lichtpflanze, intensiv reinigend
- hilft, mit negativ gestimmten Ahnen abzuschließen
- ideal, wenn man sich auf positive, bestärkende Kontakte fokussieren will

Beifuß

- gleichzeitig Schutz und starke Verbindung
- schamanische Schwellenpflanze
- hilft, wenn man schlecht durchkommt und Verbindungen kaum spürbar sind
- hebt Blockaden auf, lässt Energien frei fließen

Eiche

- für Geradlinigkeit; kann klare und verbindliche Ahnenkontakte stärken
- wenn man sich konkrete Antworten auf Fragen wünscht
- wenn man neuen Ahnen (also kürzlich Verstorbenen) Halt und Sicherheit geben will

Erika/Heidekraut

- Ahnen- und Schutzpflanze
- um gut geschützt an Ahnenkontakte heranzugehen
- bei Unklarheiten und wenn man unsicher ist
- negative Energien werden wirkungsvoll herausgefiltert, gute Energien kommen durch

Holunder und Wacholder

- wie alle Holle-Pflanzen mit dem Ahnenthema verbunden
- kann bestehende Ahnenkontakte vertiefen
- wenn man das Gefühl hat, die Verbindung könnte stärker sein

- um konkrete Botschaften und Hilfestellung »von drüben« zu erbitten

Kiefer

- um lichtvolle Verbindungen zu knüpfen
- um schmerzliche Ahnenthemen zu bearbeiten
- für die heilende Arbeit mit den Ahnen, für sich und die Familie
- um Klarheit zu finden, wenn man den Wald vor lauter Bäumen nicht sieht

Königskerze

- das Licht in der Dunkelheit
- baut Spannungen ab, gleicht aus
- hilft im Umgang mit ambivalenten Ahnen, die viele gute, aber auch recht schwierige Eigenschaften haben

Mistel

- magische Pflanze, die unterschiedliche Welten miteinander verbindet
- bringt Licht und Leichtigkeit in die Ahnenkontakte
- unterstützt, wenn man unsicher ist oder nicht so richtig weiß, wo man anfangen sollte

Rose

- keine typische Ahnenpflanze, aber *die* Blume der Liebe und deshalb in dieser Aufzählung dabei

- wenn man liebevolle Grüße nach drüben senden will
- um Zuneigung auszudrücken und bei Trauer das Herz zu beschützen
- um Ahnen wieder ins Leben zu locken (also schwanger zu werden). In unserer Sprache ist das noch verankert: Das Wort Enkel stammt vom althochdeutschen *eniklīn* und bedeutet »Kindeskind«, aber auch »Vorfahre« und »Großvater« in der Verkleinerungsform. Weniger umständlich ausgedrückt: Der Enkel ist ein kleines Vorfahrchen, das zurückgekommen ist. Wer ein Baby in seinen ersten Lebenstagen beobachtet, bemerkt manchmal, dass es etwas sehr Altes und Weises zu umgeben scheint. Das lässt sich schwer in Worte fassen, und doch sind da diese Blicke in die Welt, die eine Tiefe haben, wie man sie einer alten, erfahrenen Person zuschreiben würde.

Rosmarin

- Übergangspflanze
- hilft kürzlich Verstorbenen, den Weg zu finden
- für die kraftvolle Eröffnung neuer Ahnenkontakte
- gibt viel Energie und schafft gleichzeitig einen geschützten Rahmen
- hilft, destruktive familiäre Muster zu erkennen und zu heilen

Zeichen im Alltag

Es gibt diese Shows, mit denen Medien durch die Lande ziehen und vor großem Publikum möglichst spektakuläre Botschaften von Verstorbenen enthüllen. Der persönliche Kontakt zu den eigenen Ahnen ist zum Glück sehr viel wärmer und inniger. Da geht es nicht um Kunststücke, sondern um die Verbundenheit miteinander.

Wenn das Kochbuch, das einem die Mutter zu Lebzeiten geschenkt hat, aus einem Regal herausfällt, aus dem es eigentlich gar nicht fallen kann, und auch noch die Seite offen liegenbleibt, die ihr Lieblingsrezept aus diesem Buch zeigt, dann ist das zwar nicht bühnentauglich, aber umso berührender. Ich kenne gleich mehrere Frauen, die genau das erlebt haben.

Worauf ich damit hinauswill: Vergleiche dich mit nichts und niemandem. Die Zeichen im Alltag sind manchmal subtil, man kann sie übersehen. Doch das Gute ist: Wenn die Sache wichtig ist, bekommt man sie immer wieder, so lange, bis man verstanden hat. Manche Menschen erhalten Botschaften in Träumen, manche nehmen auf einmal Gerüche aus der Vergangenheit wahr. Man kann eine leichte Gänsehaut bekommen oder einen kleinen Schauer. Ich habe auch schon oft von Menschen gehört, dass sie etwas Bestimmtes in Bezug auf die Vorfahren denken und genau in diesem Moment knackt eine Kerze, rumpelt es irgendwo in der Wohnung oder man hört ein unerwartetes Geräusch, wie eine Bestätigung des Gedankens.

Vergessen wir auch nicht die innere Ebene. Manchmal ist ein Verstorbener einfach da. Man spürt es, auch wenn man es an nichts Speziellem festmachen kann. Manche Menschen haben Bedenken, sie könnten sich das einbilden. Aber fast immer kommt diese Nähe in Momenten, in denen man nicht damit rechnet und mit völlig anderen Dingen beschäftigt ist.

Vielleicht ist es auch möglich, sich in der Familie auszutauschen. Meine Schwester und ich machen das, und wenn es in deiner Familie eine Offenheit dafür gibt, kann das ein guter Weg sein. Unsere Mutter ist vor ein paar Jahren gestorben und wir haben irgendwann festgestellt, dass wir sie zu denselben Zeiten in unserer Nähe wahrnehmen. Meist sind das zwei bis drei Tage, an denen sie vorbeikommt und in ruhigen Momenten fast greifbar im Raum schwebt. Danach ist es wieder vorbei, bis zum nächsten Besuch.

Oft braucht es seine Zeit, bis man diesen Zeichen vertrauen lernt. Jedenfalls in unserer Kultur, anderswo ist es das Normalste der Welt und man wird komisch angeschaut, wenn man keine Verbindung zu seinen Ahnen hat. Ich bekomme zu diesem Thema immer wieder Fragen und meist ist die Sorge, sich alles einzubilden oder nicht ganz richtig zu sein, wenn man solche Wahrnehmungen hat.

Die erste Sorge vergeht mit der Zeit von ganz allein. Nach zwei, drei Jahren der eigenen Erfahrung zweifelt man nicht mehr, dann weiß man. Ein Problem ist auch, dass die meisten Menschen diese Erfahrungen für sich behalten, da sie oft Angst davor haben, nicht ernst genommen zu werden. Das sieht man oft, wenn es einen Trauerfall gibt und das Gespräch auf dieses Thema kommt. Auf einmal hat fast jeder eine Geschichte zu erzählen, aber im normalen Leben redet kaum jemand darüber. Nur dadurch entsteht der Eindruck, es wäre ungewöhnlich, wenn man Zeichen von drüben bekommt.

Womit auch die zweite Befürchtung vom Tisch gewischt ist: Niemand ist komisch oder gar verrückt, wenn er solche Wahrnehmungen hat. Bei solchen Gedanken helfen konkrete Fragen: Bekomme ich mein Leben ganz gut auf die Reihe? Meistere ich meinen Alltag? Bin ich ein halbwegs verträglicher Zeitgenosse? Dann ist alles in Ordnung.

Rituale für jeden Tag

Ein Ahnenritual für jeden Tag muss vor allem gut durchführbar sein. Die meisten sind beruflich und familiär ganz gut eingespannt. Der Tag fängt früh an und durchatmen ist manchmal erst möglich, wenn die Kinder im Bett oder ältere Angehörige versorgt sind, womit noch nicht gesagt ist, dass die Nacht ruhig bleibt.

Natürlich ist nicht jede Lebensphase so turbulent, aber damit es für alle machbar ist, habe ich diese Zeiten großer Aktivität im Hinterkopf gehabt, als ich die folgenden Rituale ausgewählt habe. Führe sie an deinem Ahnenplatz durch, je nachdem, wie es an dem Tag gut machbar ist. Erwarte keine Wunder, gerade zu Beginn. Wer müde und gestresst ist, kommt nicht gleich auf das innere Level für so ein Ritual. Man sollte es trotzdem machen, hier spielt die Wiederholung eine wichtige Rolle. Nach genügend Übung holt dich das Ritual ganz von selbst runter, du entspannst dann bereits vom Tun an sich.

Variiere dein regelmäßiges Ahnenritual ruhig, damit es nicht eintönig wird und sich mit Leben füllt. Ein paar Anregungen dafür:

Ideen für deinen Ahnenaltar und dein Ahnenritual

Gib ein paar Blütenblätter in die Wasserschale auf deinem Ahnenaltar.

Verwende eine besonders schöne Wasserschale aus Glas. Stell die Kerze oder das Teelicht so, dass die Flamme durch die Schale hindurchscheint und sanfte Lichteffekte ergibt.

Arbeite mit Schwimmkerzen auf dem Wasser.

Dekoriere jeden Sonntag (der klassische Tag der Familie) neu oder reinige den Altar an diesem Tag.

Verstreue Wacholderbeeren, die du im Mörser ein wenig angestoßen hast, damit sie ihren Duft verströmen können.

Hänge einen Beifußzopf oder einen kleinen Kranz aus Beifuß beim Ahnenaltar auf.

Gib jahreszeitliche Dekorationen auf den Altar, auch die Ahnen freuen sich über Frühlingsblumen, Ostereier, herbstliche Kornpüppchen oder Weihnachtsschmuck. Wenn du die Herkunft deiner Ahnen kennst, baue auch Dinge aus ihrer Heimat ein, zum Beispiel Ostereier, die im typisch slawischen Stil bemalt sind (bei uns als sorbische Ostereier bekannt). Solche feinen Nuancen sorgen für viel Freude.

Als Basisritual für jeden Tag kannst du die Kerze auf dem Altar für fünf Minuten entzünden und mit deinen Ahnen sprechen oder einfach im Moment verweilen. Wenn Zeit knapp ist, eignet sich dafür besonders der frühe Morgen, wenn noch alles ruhig ist, oder die Zeit kurz vor dem Zubettgehen. Ideal sind generell die Morgen- und die Abenddämmerung so-

wie Mitternacht (24 bis 1 Uhr) und die Tagesmitte (12 bis 13 Uhr).

Ein Ahnenritual für besondere Gelegenheiten

Manchmal muss es etwas Besonderes sein, zum Beispiel am Geburts- und Todestag einer Person, die einem viel bedeutet. Das gilt natürlich auch für die Ahnen im Geiste und ihre Lebensdaten. Ich kann dafür keine pauschalen Ritualvorschläge machen, das wäre wie eine starre Schablone und die meisten Menschen passen schon zu Lebzeiten nicht in starre Schablonen, warum sollte man dann hinterher damit anfangen? Aber ein paar Anregungen kann ich dir geben.

Ein solches Ritual beginnt damit, dass man von sich selbst Abstand nimmt und überlegt, was dieser Person etwas bedeutet hat. War es zum Beispiel der eigene Garten, ein anderes Hobby oder der Beruf? War es die Familie, eine bestimmte Tätigkeit, ein Interesse oder ein ganz bestimmtes Lebensgefühl, das dieser Person wichtig war? Am besten hältst du deine Gedanken dazu in Notizen fest. So entsteht Stück für Stück ein einmaliges Bild für diese Person. Dieses Bild ist die Grundlage für alles Weitere.

Für dieses Ritual ist das Bild sogar wörtlich zu nehmen: Male all das, was du gefunden hast, auf ein Blatt Papier, ein Stück Karton oder einen Keilrahmen. Du kannst auch abstrakt einfach Farben darauf verteilen, die diese Person vom Gefühl her für dich hat. Collagen sind ebenfalls denkbar. Es geht hier nicht um das perfekte Kunstwerk, und du musst es auch niemandem zeigen. Es geht um die Energie dahinter. Schaut man sich die alte Kunst der Schamaninnen und Schamanen, der Medizinmänner und Heilerinnen an, ist sie oft urtümlich, rau und direkt. Vieles davon sieht nicht »schön« aus, aber es hat Kraft. In unserer Kultur wird eine gute Optik gleichgesetzt mit »sich Mühe geben«, das fängt schon mit der Schönschrift in der Schule an. Aber das ist zum Glück nur eine Sichtweise unter vielen.

Magisch betrachtet würden wir zu viel Kraft ungenutzt lassen, wenn wir diese Denkweise für Rituale übernehmen. Nichts spricht dagegen, genau und liebevoll zu arbeiten. Aber es geht eben nicht um die Optik, die dabei herauskommt, sondern um die Kraft, die sich entfaltet. Ist man erst einmal über diese Hürde gesprungen, entfaltet sich ein weites Feld der Möglichkeiten.

Das entstandene Bild kann nun zum Beispiel im Hintergrund des Ahnenaltars aufgehängt werden oder in einem Rahmen oder auf einer kleinen Staffelei aufgestellt werden. Davor kommen Kerzen und/oder Teelichte, mindestens eine links und eine rechts, aber es dürfen natürlich auch mehr sein. Es ist ideal, wenn sie auf die Farben des Bildes abgestimmt sind, aber natürlich passen auch einfache weiße Kerzen sehr gut.

Verwende das Baumsymbol an einer zentralen Stelle im Aufbau, dazu kommen Blumen, nach Wunsch auch Räucherwerk und Düfte und natürlich eine Schale Wasser als Basispaket, das sich vermutlich ohnehin schon auf dem Altar befindet.

Nimm dazu, was der Verstobene im Leben gemocht hat, vielleicht Kaffee und Kuchen oder ein Schnäpschen, ein Glas Sekt oder praktische Dinge wie ein Tütchen mit Samen für den Hobbygärtner oder eine kleine Plüschkatze für die Katzenliebhaberin. Auch hier gilt wieder die Regel: Es muss nicht »magisch« aussehen, es muss echt und authentisch so empfunden sein.

Wenn alles beisammen ist, wird dein Altar eine ganz natürliche Stimmigkeit ausstrahlen. Dann kannst du beginnen, die Kerzen und gegebenenfalls das Räucherwerk zu entzünden, und den oder die Verstorbene einladen, bei dir zu sein. Achte auf dein Gefühl, manchmal dauert es ein Weilchen, bis sich ein Kontakt einstellt. Es ist sogar möglich, dass du während des Rituals gar nichts spürst und ein paar Tage später kommt eine eindeutige Rückmeldung auf das Geschehen. Das bedeutet nicht, dass etwas falsch wäre, man hat auf der anderen Seite einfach nicht unbedingt dasselbe Zeitempfinden wie bei uns.

In deinem Ritual ist es nun an der Zeit, Erinnerungen aufleben zu lassen und Dinge zu besprechen, die dir am Herzen liegen. Manchmal geht es auch gar nicht so sehr ums Sagen, sondern mehr um das Da-Sein und das Fühlen des Moments.

Wenn du spürst, dass alles gesagt ist, verabschiede dich herzlich und lass die Kerzen oder Teelichte nach Möglichkeit von selbst verlöschen, wenn sie heruntergebrannt sind.

Das verwendete Bild kannst du auch bei kommenden Ritualen einbeziehen, du kannst es weiter ausgestalten, verändern und natürlich auch völlig neu machen, wenn du das Gefühl hast, das wäre mal wieder an der Zeit.

Ein Ritual für Samhain, den Totensonntag, Allerseelen

Der große Feiertag der Toten im Jahreskreis ist Samhain oder Halloween, von der katholischen Kirche als Allerseelen übernommen. Es gibt sehr unterschiedliche Herangehensweisen für diesen Tag beziehungsweise diese Nacht. Manche feiern sehr ernst, alles ist schwarz dekoriert, vielleicht noch mit ein paar silbernen oder violetten Kerzen als Farbtupfer. Andere lassen sich von bunten Traditionen zum Beispiel aus Mexiko anstecken und dekorieren üppig und farbenfroh. Hat man Kinder, kann es eine Mischung und fließende Übergänge zwischen Spaß und Verkleidung und Gedenken und Erinnerung geben.

Aus diesem Grund kann man keine allgemeinen Vorschriften für dieses Fest machen. Was sich für den einen natürlich und gut anfühlt, erscheint jemand anderem unpassend und er würde es ganz anders machen. Daher habe ich an dieser Stelle eine Liste mit Inspirationen zusammengetragen, die du in die Art und Weise, wie du am liebsten feierst, einbeziehen kannst. Grundlegende Korrespondenzen zu Samhain aus Hexensicht findest du in meinem Buch *Basiswissen Weiße Magie*.

Was den gleich noch zu erwähnenden Granatapfel angeht, das Symbol für die Vegetationsgöttin, die im Spätherbst in die Unterwelt einzieht: Oft wird die Geschichte so erzählt, dass Persephone während ihrer Zeit dort bei uns fehlt, weshalb nichts mehr wächst und gedeiht. Das ist aber nur die eine Seite der Medaille, denn in dieser Zeit blüht und erstrahlt die Unterwelt durch ihre Anwesenheit.

Der Granatapfel ist zudem ein Fruchtbarkeits- und Weiblichkeitssymbol und erinnert uns daran, dass das Leben immer weitergeht und dass, wer geht, auch eines Tages wiedergeboren werden kann – eine Vorstellung, die auch bei uns in der Antike selbstverständlich war und die sehr gut zu Samhain passt.

»Zutaten« für Samhain

*Verwende einen quer durchgeschnittenen **Apfel** als Symbol der Wiedergeburt im Ritual. Schneidet man ihn quer, sieht man im Inneren das sternenförmige Kerngehäuse, das an ein Pentagramm erinnert, das Symbol der vier Elemente und des Geistes, der sie in Bewegung hält.*

*Gut geeignet ist auch der **Granatapfel**, er erinnert an den Abstieg und späteren Wiederaufstieg der Vegetationsgöttin aus der Unterwelt.*

*Die **Eibe** ist ein Symbol der Ewigkeit, ein Schwellenbaum zwischen Leben und Tod. Das auch ganz wörtlich, sie ist giftig und daher sollte Eibe drinnen, zum Beispiel auf einem Altar, nur verwendet werden, wenn es keine Kinder und Haustiere gibt. Du kannst auch einfach eine Eibe draußen in der Natur aufsuchen und bei ihr meditieren, vielleicht einen Apfel oder Granatapfel darunter ablegen, mit etwas Beifuß und Wacholder räuchern oder ein Ei als Symbol des Lebens und der Heilung bei ihr ablegen.*

***Efeu** ist häufig auf Friedhöfen anzutreffen und aufgrund seiner rankenden Form eine Pflanze der Verbindung, welche die Welt der Lebenden und die*

Welt der Verstorbenen zusammenbringt. Verwende Efeuranken als Dekoration, das sollte ebenfalls außer Reichweite von Kindern oder Haustieren geschehen, denn auch Efeu ist giftig.

*Die **Weide** ist durch ihre Nähe zum Element Wasser, das wiederum das Element der Ahnen ist, eine gute Wahl zu Samhain. Sie treibt immer wieder aus und erneuert sich. Selbst wenn sie gefällt wurde, treiben kurz darauf schon zahlreiche Schösslinge aus und sind ein Symbol des Lebens, das sich immer wieder erneuert. Du kannst Weidenzweige auch zu einem Geflecht verbinden oder als Kranz zusammenflechten und ihn als äußeren Kreis um deinen Ritualaufbau herum legen.*

*Eine schützende Pflanze für diese Zeit ist der **Knoblauch**, der auch der Göttin Hekate heilig ist. Er verbindet einerseits mit der geistigen Welt, hält andererseits aber auch wirkungsvoll alles zurück, was uns schaden könnte. Am besten verwendet man gleich ganze Knollen, die man dekorativ auf dem Altar anordnen kann.*

*Als Räucherwerk sind **Beifuß**, **Wacholder** und **Patschuli** sehr geeignet für diese Zeit und generell alle Düfte, die eine gewisse Schwere haben. Auch **Opoponax**, **schwarzer Copal** oder **Myrrhe** haben den nötigen Tiefgang für Samhain. Wähle das aus, was dir persönlich am meisten zusagt.*

*Traditionell sind mit dieser Zeit des Jahres dunkle und schwarze Steine verbunden, wie **Rauchquarz**, **Onyx**, **schwarzer Turmalin (Schörl)** oder **Gagat (Jett)**, der früher auch Witwenstein hieß, weil er von Trauernden getragen wurde. **Schwarzer Obsidian** ist* *ebenfalls eine gute Wahl. Wer ein wenig Farbigkeit bevorzugt, kann* **Amethyst** *verwenden.*

Noch ein Tipp: Wie schon bemerkt ist Salz eine umstrittene Substanz, wenn es um den Ahnenaltar geht. Zu Samhain sollte man es nach Möglichkeit ganz vermeiden, um einen guten, klaren Kontakt zu ermöglichen.

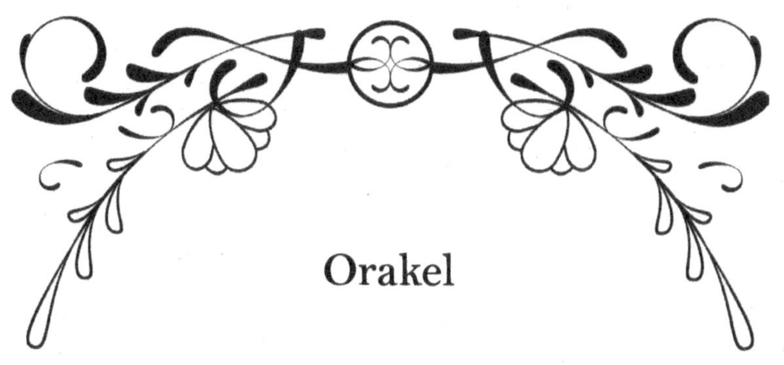

Orakel

Ein Orakel zu befragen kann uns neue Wege der Betrachtung öffnen und auch ganz konkret neue Wege im Leben anzeigen. Heutzutage werden Magie und Orakel als zwei verschiedene Bereiche betrachtet, aber das war nicht immer so.

In traditionellen Kulturen wird zuerst ein Orakel befragt und dann magisch gearbeitet. Ohne den Willen der Götter beziehungsweise die feinen Verbindungen im spirituellen Geflecht näher zu betrachten, wird man nicht aktiv. Das war auch bei uns vor nicht allzu langer Zeit noch gang und gäbe. In den magischen Orden befragte man zum Beispiel die Tarotkarten oder ein Medium. Wer mit Volksmagie arbeitete, achtete auf günstige und ungünstige Zeichen oder orakelte anderweitig.

Oft meint man eine Situation genau zu kennen: Diese andere Person da ist das Problem! Diese eine Situation macht es mir schwer! Sieht man dann eine Zauberanleitung, die genau auf dieses Problem zu passen scheint, ist die Sache klar: Das wird helfen, die Dinge in eine bessere Richtung zu wenden.

Diese Herangehensweise kann funktionieren, sie kann aber auch schiefgehen, dann passiert im besten Fall einfach gar nichts. Man kann seine Erfolgschancen aber beträchtlich erhöhen, wenn man ein Orakel einbezieht. Wer mit Bauchschmerzen zum Arzt geht, möchte ja auch nicht einfach ein Rezept für Magentropfen in die Hand gedrückt bekommen. Er möchte, dass der Arzt genau untersucht: Ist es der Magen, der Darm, die Galle? Wie sind die Symptome, was lässt sich ertasten, was sagt das Blutbild? Wenn die Bauchspeicheldrüse Probleme macht, werden Magentropfen nichts ausrichten können.

Dieses Beispiel lässt sich eins zu eins auf die Magie übertragen. Wenn Rituale und Zauber keine Veränderungen bewirken, liegt das in der Regel daran, dass man die falschen Probleme bearbeitet. Wenn der Schlüssel nicht ins Schloss passt, kann man die Tür nicht öffnen.

Wer das Thema Orakel vertiefen möchte, findet dazu ein breites Angebot an Methoden, Büchern, Wissenswertem im Internet und manches mehr. An dieser Stelle möchte ich einfache und kompakte Orakel vorstellen, mit denen jeder sofort loslegen kann.

Geringschätzen sollte man sie aber nicht, auch ein simpler Münzwurf führt – bewusst und respektvoll ausgeführt – zu zuverlässigen Ergebnissen und ist seit der Antike als Orakel bekannt. Der Übergang zu anderen Orakeln, wie den Wurf von Kaurischnecken und vielen anderen Objekten, von kleinen Knochen bis hin zu Würfeln, war schon immer fließend. Wurforakel haben eine lange Tradition und wurden mit dem gemacht, was in einer Region verfügbar und geeignet war.

Münzen werfen – klar und einfach

Es ist so einfach, wie es sich anhört: Nimm eine Münze und definiere ihre beiden Seiten, zum Beispiel Zahl bedeutet Ja, Kopf bedeutet Nein.

Dann stell deine Frage, wirf die Münze und lass sie vor dir auf den Tisch oder auf den Boden fallen. Die Seite der Münze, die oben liegt, zeigt die Antwort.

Diese Münzen sollten gut geputzt sein, zum Reinigen legt man sie vor der ersten Verwendung über Nacht in Salz. Am besten behält man sie nur zu diesem Zweck, ein Tropfen Lavendelöl dann und wann stärkt ihre Kraft.

Wer die Aussagen verfeinern möchte, sollte seine Fragen im Blick haben. Manchmal ist es sinnvoller, nach Teilen eines Themas zu fragen als pauschal nach dem ganzen Thema an sich. Frage dich, was dich wirklich interessiert, was du tatsächlich herausbekommen möchtest. Was schwingt mit? Was ist das Problem hinter dem vordergründigen Problem?

Die Teilnehmer meiner Kurse zum Kartenlegen müssen manchmal schmunzeln, weil ich immer wieder auf die Wichtigkeit der Fragestellung eingehe. Aber eine gute Frage ist die halbe Miete. Sie definiert den Raum, in den man mit einem Orakel hineingeht. Ist dieser Raum unklar und diffus, kann man keine klaren Antworten erwarten.

Orakel mit drei Münzen

Eine weitere Möglichkeit, mehr Zwischentöne zu erkunden, ist die Verwendung von drei Münzen. Sie sollten gleich groß sein, werden ebenfalls geworfen und lassen sich dann entsprechend deuten:

- *Dreimal Zahl, kein Kopf: Grünes Licht, dieser Sache steht nichts im Weg.*
- *Zweimal Zahl, einmal Kopf: Es wird nicht immer alles glatt laufen, aber es gelingt.*
- *Einmal Zahl, zweimal Kopf: Manches wird gelingen, Teilerfolge sind möglich, aber man erreicht nicht alles wie gedacht.*
- *Keine Zahl, dreimal Kopf: Die Sache ist nicht sehr aussichtsreich, versuche etwas anderes.*

Das Orakel der bunten Steine

Wurforakel gehören zu den ältesten Orakeln der Menschheit und haben teilweise eine große Komplexität entwickelt, wie das westafrikanische Ifá-Orakel, das zum UNESCO-Weltkulturerbe gehört. Die Germanen warfen der Überlieferung nach Runenstäbchen, die Kelten befragten der Legende nach das Ogham-Baumorakel, und selbst heute kann man in Würfelspielen manchmal Anklänge an diese alte Tradition erkennen – und wenn man damit nur herausfindet, wer an diesem Tag das meiste Glück unter den Mitspielern hat.

Wir tauchen also in einen uralten Praxisweg ein, wenn wir ein Wurforakel machen, und genau so ein Orakel ist das Orakel der bunten Steine. Du kannst dafür farbige Halbedelsteine verwenden oder gefundene Steine, sie können auch angemalt sein. Ist gerade nichts anderes zur Hand, können es auch kleine, bunt bemalte Stäbchen oder sogar farbige Papierbällchen sein. Du bist nicht festgelegt, folge deiner Intuition und dem, was verfügbar ist. Es geht nicht darum, ein exklusives Werkzeug zu haben. Wer mit der nötigen Hingabe an die Sache herangeht, wird mit simplen Papierschnipseln mehr erreichen als jemand, der oberflächlich teure Edelsteine wirft.

Für dieses Orakel benötigst du acht etwa gleich große Steine (zwei bis vier Zentimeter ist eine schöne Größe), zu den Farben kommen wir gleich noch. Als Unterlage ist ein Tuch ohne Muster am besten geeignet, dann lenkt das Auge nichts ab. Blau und violett sind gute Farben, manche mögen weiß, andere schätzen ein samtiges Schwarz. Das kannst du so halten, wie es für dich stimmig ist, es sollte dir Freude machen, damit zu arbeiten (wie so ein Steinorakel aussehen kann, siehst du auf einem Foto im Bildteil.)

Stell dir Steine in den unterschiedlichen Farben zusammen und wirf sie mit deiner Frage im Sinn vor dir auf den Tisch oder den Boden, wo du zuvor dein Tuch ausgebreitet hast. Dann liest du anhand der Lage der bunten Steine zu dir und zueinander ab, was der Wurf bedeutet. Assoziiere dabei frei und nutze die folgenden Anregungen.

Zuerst ist wichtig, wo die Steine zu liegen kommen. Steine, die näher an dir liegen, sprechen von Themen, die jetzt oder in näherer Zukunft wichtig sind. Steine, die weiter entfernt von dir liegen, sind jetzt im Moment nicht so wichtig, können aber bereits zukünftige Entwicklungen andeuten. Mit »näher bei dir liegen« ist die Entfernung zu dir gemeint, so wie du am Tisch oder auf dem Boden sitzt. Du bist der Ausgangspunkt und die Steine liegen auf einer gedachten Linie, die in dir ihren Anfang hat.

Immer geht es um die Farben und ihre Bedeutungen. Die folgenden Bedeutungen sind überliefert in der Magie. Sie sind ein Anfangspunkt, aber sie müssen nicht der Endpunkt sein. Vielleicht stellst du beim Orakeln fest, dass manche Farben etwas ganz Bestimmtes für dich bedeuten. Vielleicht ist eine Farbe für dich von vornherein etwas anderes als hier beschrieben.

- Weiß – Klarheit, Ideen, das Offensichtliche, Unzweifelhafte, Schnelle
- Schwarz – Verborgensein, Nährboden, Hintergründiges, das nicht Offensichtliche, Fundierte, Langsame
- Violett – Spiritualität, geistige Heimat, verbunden sein, innerlich ankommen, wissen, wo man hingehört, das Zuhause »oben«
- Blau – Weite, Freiraum (den man wiederfinden soll), Entspannung
- Grün – alles, was wächst, Zugewinn, Gedeihen, Materielles
- Gelb – Lebensfreude, Gesundheit, die Ausstrahlung eines Menschen, die innere Sonne
- Orange – neue Wege, hohe Vibration, viel Energie, die uns weiterbringt
- Rot – Tatkraft, Energie, pure Lebenskraft, die ein Ziel braucht, um sich einzubringen

Weiß und Schwarz sind so etwas wie Taktgeber, der positive und der negative Pol. Das ist nicht wertend gemeint, eher wie die beiden Pole einer Batterie, ohne die sie als Ganzes nicht funktionieren würde. Man kann es auch als Yin und Yang betrachten. Der weiße drückt gewissermaßen aufs Gaspedal, der schwarze Stein nimmt ein Thema etwas zurück.

Die räumliche Lage ist das erste Indiz, das zweite ist die Lage der Steine zueinander. Im Folgenden ein paar Beispiele, damit du ein Gefühl dafür bekommst. Es gibt aber keine festgeschriebenen Bedeutungen, je länger du übst, desto stärker wird deine Intuition in den Vordergrund treten und du wirst eigene Wege mit dem Orakel gehen.

Nehmen wir an, folgende Steine liegen dicht beieinander; der Stein, der die Grundbedeutung vorgibt, ist der, der etwas näher bei dir liegt. Das kann dann zum Beispiel bedeuten …

- Violett + Orange: Auf dem spirituellen Weg öffnen sich neue Türen, lass jetzt nicht nach, es lohnt sich.
- Violett + Orange + Rot: Hier gilt dieselbe Bedeutung wie gerade eben, aber das Rot verstärkt alles, dadurch bekommst du noch mehr Rückenwind, der Weg wird eindeutiger, die beteiligten Kräfte ziehen dich förmlich in die richtige Richtung.
- Grün + Blau: Wachstum und Fülle führen zu mehr Freiheiten, du erreichst ganz konkrete Ziele und dadurch lockern sich alltägliche Zwänge.
- Gelb + Weiß + Schwarz: Weiß und Schwarz zusammen, was macht man da? Man liest genau das, was da ist. Gelb gibt das Thema Gesundheit und Lebensfreude vor. Der weiße Stein zeigt, dass vieles in der nächsten Zeit im Licht liegt, der folgende schwarze Stein bedeutet, dass danach Dinge auftauchen werden, die nicht so eindeutig sind, wo man nachforschen muss. Praktisch ausgedrückt: In der nächsten Zeit ist alles leicht und eindeutig, danach kommt einer Phase der Einkehr und Selbsterforschung.

Du kannst auch eine einfache Variante dieses Orakels verwenden, wenn es um konkrete Fragestellungen geht. Der Stein, der dir am nächsten liegt, gibt die Antwort.

- Weiß: Vielleicht. (Weiß ist eher in der Welt der Ideen zu Hause, es ist möglich, aber noch nicht »beschlossene Sache«.)
- Rot: Ja. (Go for it, investiere hier deine Energie.)
- Schwarz: Nein. (Zumindest jetzt noch nicht, manchmal ist Schwarz ein Symbol dafür, dass die betreffende Angelegenheit noch eine Weile wie ein Samenkorn in der Dunkelheit der Erde schlummern soll, bevor die richtige Zeit gekommen ist.)

Wenn du magst, kannst du dieses Orakel mit der Zeit erweitern und kleine Gegenstände wie Charms, Schlüsselchen, einen Mond, eine Sonne, Sterne, kleine Muscheln und so weiter dazunehmen, die dir persönlich etwas bedeuten. Mach das langsam, so etwas wächst am besten Stück für Stück.

Ein einfaches Orakel mit Spielkarten

Orakel mit Spielkarten sind oftmals sehr komplex und wurden über die Jahrhunderte immer wieder verfeinert und ergänzt. Es gibt zahlreiche Kartendecks, Methoden und Herangehensweisen, die für Anfänger sehr unübersichtlich und sogar widersprüchlich sein können.

Was ich hier vorstelle, ist eine kompakte Möglichkeit, ganz normale Spielkarten zu befragen, ohne sich durch die weite Welt der heimischen Kartenorakel hangeln zu müssen. Natürlich kommt man für eine entsprechende Tiefgründigkeit nicht drumherum, eines der verschiedenen Systeme zu vertiefen. Aber für den Start ist die folgende Methode ein guter Einstieg.

Nimm aus einem gewöhnlichen Kartenspiel das Ass, die 2, die 3 und die 4 in allen vier Farben heraus, das sind die Karten, die du für dieses Orakel brauchst. Du hast jetzt sechzehn Karten, wobei jede Kartenfarbe auf ein bestimmtes Themengebiet verweist (die Bezeichnungen beziehen sich auf das französische und das deutsche Blatt):

- Kreuz beziehungsweise Eicheln: Antrieb, Tatkraft, Mut, Stärke, ein Ziel vor Augen haben – also die nötige Energie, um etwas in Bewegung zu bringen und umzusetzen.
- Herz beziehungsweise Rot: Gefühle, Intuition, Zu- und Abneigungen, Emotionen, Ahnungen, Unterstützung und kleine Winke »von oben« – also alles, was auf der emotionalen und spirituellen Ebene hineinspielt.
- Pik beziehungsweise Blatt: rationales Denken, Analyse, Kommunikation – also alles, was dir der gesunde Menschenverstand oder andere zu der fraglichen Sache sagen.
- Karo beziehungsweise Schellen: Finanzielles, Beruf, Wohlstand, Gesundheit, Besitz – also alles, was du anfassen kannst, das konkrete, greifbare Leben.

Für ein Orakel formulierst du eine klare Frage, mischst die Karten gut durch und ziehst dann eine Karte.

Es ist ein gutes Zeichen, wenn die gezogene Karte zum Thema der Frage passt, zum Beispiel eine Herz-Karte für die Liebe oder Beziehungen, eine Kreuz-Karte für neue Vorhaben und Pläne, eine Pik-Karte für rationale Überlegungen oder eine Karo-Karte bei finanziellen oder beruflichen Fragen.

Die jeweilige Zahl auf der Karte zeigt dir dann auf einer Skala von Ass bis vier, wo du stehst. Will man das in Zahlen ausdrücken, bedeutet das:

- Ass: glatte 100 bis 75 Prozent beflügelnde Energie für die Sache
- 2: immer noch sehr solide 75 bis 50 Prozent unterstützende Energie für das gefragte Thema
- 3: nur 50 bis 25 Prozent Energie, die der Sache Schub verleiht
- 4: gerade mal 25 bis 0 Prozent Energie, die etwas für das Thema bewegen könnte

Das Ganze folgt grundsätzlich dem Muster:

- Ass: optimal
- 2: gut
- 3: nicht so einfach
- 4: die nötige Grundlage ist nicht gegeben

Im Einzelnen:

- Kreuz-Ass und -2: Sehr viel beziehungsweise viel Energie und Tatkraft für die fragliche Sache. Du weißt genau, was du willst, und bist fokussiert.
- Kreuz-3 und -4: Wenig beziehungsweise kaum Energie für die fragliche Sache und zu viel Unsicherheit.

- Herz-Ass und -2: Du kannst deinen Gefühlen in dieser Sache sehr stark beziehungsweise vorwiegend vertrauen.
- Herz-3 und -4: Die Gefühle sind hier kein so guter oder im Fall der 4 sogar ein sehr schlechter Ratgeber, verlass dich eher auf den Verstand.
- Pik-Ass oder -2: Rationales Denken, eine klare Analyse und die Informationen von anderen, die du zurate ziehst, sind sehr hilfreich beziehungsweise vorwiegend hilfreich.
- Pik-3 und -4: Mit reinem Kopfdenken kommst du hier wenig oder gar nicht weiter, das Gefühl ist gefragt, die Informationen der anderen sind wenig oder gar nicht hilfreich oder falsch.
- Karo-Ass und -2: Die greifbare, materielle Grundlage ist gegeben beziehungsweise größtenteils gegeben.
- Karo-3 und -4: Es gibt Probleme mit der realen Basis der Dinge beziehungsweise kaum eine Möglichkeit zur realen Umsetzung.

Manchmal wird es Überraschungen geben, die dich zum Nachdenken bringen und damit auf die richtige Fährte führen.

Nehmen wir an, zu einer finanziellen Frage taucht die Kreuz-3 auf, die anzeigt, dass du zu wenig Energie in eine Sache steckst. In diesem Fall deutet die Karte darauf hin, dass du mit mehr Enthusiasmus und Tatkraft noch etwas bewegen kannst, auch wenn es nicht ganz einfach wird (weil es eben nur eine 3 ist). Doch zumindest Teilerfolge sind machbar. Liegt an dieser Stelle das Kreuz-Ass, könntest du die Sache mit genügend Tatkraft hingegen vollständig lösen.

Oder nehmen wir eine Frage zum Gefühl, wo eine Herzkarte passend wäre. Nun zeigt sich aber die Pik-4. Durch die 4 sieht es sehr schwierig bis unmöglich aus und die Hindernisse liegen im Pik-Bereich. Das kann zum Beispiel bedeuten, dass du mit der völlig falschen Denkweise an die Sache herangehst und dir dadurch selbst den Weg verbaust. Nachdem die Pik-Karten aber auch den Bereich der Kommunikation betreffen, können es auch falsche oder negative Informationen und Nachrichten sein, um die es hier geht.

Dieses System ist sehr einfach: Die Zahl der Karte zeigt, wie gut oder schlecht es aussieht, und die Kartenfarbe benennt den Bereich, der maßgeblich in die gestellte Frage hineinspielt.

Mit wachsender Übung bekommst du ein immer besseres Gefühl für die Karten in diesem einfachen System. Wie bei allen Orakeln gilt: Übung macht den Meister. Notiere dir jede einzelne Befragung, denn gerade als Anfänger erkennt man manches erst im Nachhinein, lernt dadurch aber umso mehr.

Heimische Kräuter

Die folgenden Rezepturen beinhalten heimische Kräuter und solche, die bei uns gern verwendet wurden und werden. Ich halte mich vorwiegend an alles, was auch tatsächlich bei uns wächst, sodass du zum magischen Selbstversorger werden kannst.

Dennoch war unsere Kultur nie in sich abgeschlossen. Schon vor der Antike gab es wie beschrieben weitläufige Handelsbeziehungen. Schaut man zeitlich etwas näher, sieht man, dass auch im Mittelalter Weihrauchharz und andere exotische Dinge bei uns sehr beliebt waren. Warum sollten wir darauf verzichten? Im Namen einer vermeintlich reinen Lehre, die es so nie gab? Die Mystikerin Hildegard von Bingen hat bereits im 12. Jahrhundert Pflanzen wie die Myrrhe ausführlich beschrieben. Ich denke, nach neunhundert Jahren ist man als Pflanze ganz gut eingebürgert in einer Kultur.

Die Klostergärten des Mittelalters brachten Thymian, Rosmarin und so manches Kräutlein mehr zu uns, die nach dieser langen Zeit ebenfalls als heimische Pflanzen angesehen werden können und fester Bestandteil traditioneller Bauerngärten sind. Sie kamen, um zu bleiben, haben Generationen von Menschen Heilung und Linderung geschenkt (körperlich, aber auch seelisch und spirituell) und sind somit unsere Verbündeten, neben Pflanzen wie Beifuß oder Wegerich, die den Weg zusammen mit uns noch länger gehen.

Trotzdem ist es eine besondere Freude, sich mit der umgebenden Natur zu verbinden und mit dem, was hier wächst, was mit uns ganz greifbar verbunden ist. Die folgenden Ideen, Bausteine und Rezepturen sind ein Anfang, auf dem du aufbauen kannst. Du kannst Dinge hinzufügen oder weglassen und deinem Empfinden anpassen. Da ist die Magie nicht anders als die (Hexen-) Küche: Wenn man eine Zutat nicht mag, lässt man sie weg. Wenn man eine Zutat ganz besonders schätzt, gibt man sie dazu. Mit wachsender Erfahrung kann man Rezepte dann schon vom Lesen in etwa einschätzen, genau wie beim Kochen auch.

Die Nähe zu den Pflanzen

Wer sich in der freien Natur umschaut, sieht dort unzählige Pflanzen, jede Art hat ihre eigene grundsätzliche Natur, die sich dann noch einmal auf einmalige Weise in der jeweiligen Pflanze entfaltet. Anders gesagt: Alle Linden haben einen Lindengeist, aber nicht jede Linde ist wie die andere. Das ist so ähnlich wie bei uns auch, ein Mensch ist keine Katze, er hat – schamanisch ausgedrückt – einen Menschengeist und die Katze hat den Geist einer Katze. Trotzdem sind Menschen wie Katzen als individuelle Wesen sehr unterschiedlich. Das sollte man auch im

Umgang mit Pflanzen (wie auch Heilsteinen und allem anderen) im Hinterkopf behalten.

Für viele von uns ist es nicht möglich, alle Pflanzen, die wir magisch verwenden, selbst zu sammeln, auch ätherische Öle wird kaum jemand selbst herstellen. Es wäre auch nicht zielführend, wenn alle die freie Natur plündern, sie braucht ihre Schätze gerade in einem dicht besiedelten Land wie unserem zuerst einmal für sich selbst. Gekaufte Kräuter helfen, die Natur zu schonen, und geben Leuten die Möglichkeit, mit Kräutern zu arbeiten, die keinen eigenen Garten haben.

Trotzdem ist es wichtig, auch mit den Pflanzen im Freien zu arbeiten – und wenn es bei einem meditativen Spaziergang ist. Man muss Pflanzen nicht pflücken, um ihre Kraft zu spüren. Botanische Gärten, Parks, Wälder und Gartenanlagen sind für Kräuterhexen richtiggehende Schulen der Wahrnehmung, ohne dass man auch nur ein Blatt abzupft.

Ich möchte also dazu ermutigen, nicht nur Kräuter einzukaufen und gemäß ihren Zuschreibungen zu verwenden. Natürlich bekommt man auf diese Weise auch etwas von der jeweiligen Pflanze mit. Aber es macht einen Unterschied, ob man am getrockneten Thymian in einer Tüte schnuppert oder ob man schon mal neben der Pflanze stand, die in der Sommersonne von emsigen Bienchen belagert wurde.

Bewährte Kräuter

Für die folgende Liste habe ich besonders bewährte Kräuter der Volksmagie zusammengestellt und griffig mit Stichworten beschrieben, so bekommt man ein gutes Gefühl dafür, in welche Richtung eine Pflanze energetisch tendiert. Es geht hier ausschließlich um die traditionellen magischen Anwendungen. So ist Baldrian zum Beispiel ein bewährtes Nervenmittel, wurde in der Magie aber vor allem zum Liebeszauber und gegen böse Einflüsse verwendet.

Vertraue auch hier deinem Instinkt und deinem inneren Wissen. Wenn dein Gefühl sagt: Es muss *diese* Pflanze sein, dann bleibe dabei. Oft entwickeln sich mit der Zeit Freundschaften zu bestimmten Pflanzen, die man dann für sehr viele Dinge verwenden kann, nicht nur für ihre üblichen Themengebiete.

Alant – lichtbringend und klärend

- starke Lichtpflanze
- bringt Wärme und Geborgenheit
- hilft dir, die Dinge aus einer größeren Perspektive zu sehen
- bringt geistige Klarheit
- Schutzpflanze, speziell auch für Kinder
- schützt vor »Angezaubertem«, wir würden heute sagen: vor Manipulationen von anderen

Anis – liebevoll und schützend

- Aphrodisiakum und für Liebeszauber
- fördert die Hellsichtigkeit
- vertreibt durch sein starkes Aroma niedere Geister

Baldrian – sinnlich und beschützend

- Aphrodisiakum und für Liebeszauber
- fördert die Hellsichtigkeit
- Schutz vor den bösen Absichten anderer (Böser Blick, Neid, Schadenszauber)

Basilikum – schützend und beglückend

- eine der wenigen Pflanzen, die gleichzeitig stark schützen *und* Positives anziehen können
- öffnet neue Türen, wenn alle Wege versperrt scheinen
- Liebespflanze und Aphrodisiakum
- für Finanzielles und Beruf
- beschützt Kinder

Beifuß – wissend und verbindend

- stärkt Intuition und inneres Wissen
- unterstützt Orakel aller Art
- stärkt die Verbindung zu den Ahnen
- uralte Räucherpflanze mit starken schamanischen Bezügen
- weckt die Mond- und Göttinnenkraft

Birke – erfrischend und erhellend

- zur Erneuerung und für Jugendlichkeit
- Lichtbringerin
- Schamanenbaum
- Baum der Frühlingsgöttin

Brennnessel – abwehrend und auf Distanz haltend

- starker Schutz
- Abwehr von Negativem
- traditionell gegen Blitzschlag und alle Übel, die als plötzliches Unglück auftreten
- unterstützt, wenn man richtig kämpfen muss, damit sich etwas zum Besseren verändert

Eberesche (Vogelbeere) – schützend und behütend

- Schutzpflanze
- Elfenpflanze
- behütende Energie, besonders auch für Kinder und Schwangere

Eiche – stark und direkt

- männliche Energie
- für Standhaftigkeit, Geradlinigkeit
- materielle Themen aller Art
- fördert Durchsetzungskraft und Souveränität
- mit den Donnergöttern verbunden

Frauenmantel – weiblich und zauberhaft

- weibliche Energie
- für Fruchtbarkeit und Heilung
- fördert Intuition und magisches Wissen
- sanft einhüllend und beschützend
- Göttinnenpflanze

Haselnussbaum – beglückend und verzaubernd

- zur Wunscherfüllung
- für mehr Fruchtbarkeit
- fördert Glück und Segen
- stärkt die mystische Verbindung zum Schlangenkönig und den Geistwesen der Erde

Hauswurz – fest und schützend

- schützt traditionell vor Blitzschlag und plötzlichen Unglücken
- beschützt das Heim und alle seine Bewohner (auch die Tiere)
- bei Schwierigkeiten mit den Nachbarn

Holunder – verbindend und geheimnisvoll

- Schwellenpflanze
- für Kindersegen
- verbindet mit der Anderswelt
- mit Göttin Holle verbunden

Johanniskraut – strahlend und schützend

- starke Lichtpflanze
- entfernt negative Schwingungen, Geistwesen und Energien
- für Hellsicht und eine Verbindung zum Feenreich
- im Sommer gesammelt bringt es Schutz und Glück für die dunkle Jahreshälfte

Kamille – heilend und lichtvoll

- für Heilung und Licht
- hilft, festgefahrene Muster wie Süchte oder schlechte Angewohnheiten loszuwerden
- durchdringende Reinigung
- für Liebeszauber, auch um bestehende Beziehungen aufzufrischen

Knoblauch, Zwiebel & Co. – stark und direkt

- Schutzpflanzen
- starke Abwehr negativer Energien und Wesenheiten
- schützen speziell auch Kinder
- Aphrodisiakum und Mittel für Heilzauber

Klee – geerdet und glücklich

- für Glück
- fördert Wohlstand und finanzielles Glück
- für mehr Fruchtbarkeit
- für Schutz auf Reisen

Königskerze – aufrecht und klar

- Lichtpflanze, die trübe Zeiten vertreibt
- Orakelpflanze
- hilft, Anspannung und zwischenmenschliche Spannungen zu lösen
- hilft dabei, einen Überblick in einer verworrenen Situation zu bekommen
- gibt Perspektiven und neue (berechtigte) Hoffnung

Liebstöckel – sinnlich und kraftvoll

- für Liebe und Sinnlichkeit
- fördert Lust und Leidenschaft
- wehrt durch sein intensives Aroma böse Geister ab
- Schutz speziell auch für Tiere

Linde – beglückend und liebevoll

- fördert Liebe und Glück
- für mehr Fruchtbarkeit
- zieht die guten Dinge im Leben an

Mistel – magisch und verbindend

- Schwellenpflanze, die dich mit der Anderswelt verbindet
- Schutzzauber, Schutz vor Hexerei und den negativen Absichten anderer
- für Heilung und Fruchtbarkeitszauber

Ringelblume – strahlend und glücksbringend

- Liebeszauber-Pflanze
- durch ihre »goldenen« Blüten auch im Geldzauber beliebt

Rosmarin – begleitend und schützend

- Schwellenpflanze, die an allen großen Eckpunkten des Lebens verwendet wird: Geburt, Hochzeit, der eigene Nachwuchs, Begräbnisse

- Liebe und Glück
- begleitet und schützt dich, während du dich weiterentwickelst
- für Konzentration und Gedächtnis, die Prüfungspflanze schlechthin

Salbei – heilend und betörend

- für Heilung und Gesundheit
- für mehr Fruchtbarkeit
- Aphrodisiakum und Liebeszauber-Pflanze
- fördert das Glück und wird heutzutage auch oft zur Reinigung verwendet, früher lag der Fokus auf Gesundheit und Liebe

Schlüsselblume – öffnend und erhellend

- öffnet die Türen zu neuen Möglichkeiten im Leben
- lässt verborgene Schätze erkennbar werden (Welche Fähigkeiten schlummern in dir?)
- Schutz für Tiere vor negativen Einflüssen
- Feenpflanze
- Achtung: Sie steht unter Naturschutz und darf nicht wild gesammelt werden

Thymian – aufrecht und mutig

- für Standhaftigkeit, Mut und Entschlossenheit
- bestärkt dich, den eigenen Weg zu gehen
- Schutz, besonders in Situationen, die sich ständig wandeln
- Feen- und Göttinnenpflanze

Wacholder – verbindend und wissend

- Ahnenpflanze
- reinigt, schafft eine starke spirituelle Atmosphäre
- schnelle und starke Verbindung zur spirituellen Welt

Wegerich – zäh und belastbar

- fördert Ausdauer und Beharrlichkeit
- für Zauber gegen angehexte Liebe und Manipulationen im Allgemeinen
- Orakelpflanze

Weide – fließend und verbindend

- Schwellen- und Hexenbaum
- verbindet unsere Welt mit der Welt der Ahnen
- hilfreich in Trauerphasen und Übergängen
- stärkt die Intuition und spirituelle Verbindungen
- für Regeneration und Heilung

Weißdorn – sanft und stark

- starker Schutz durch gute Feen
- ganz besonders auch für Kinder
- bei Albträumen, hält negative Energien fern

Basisrezepte für magische Öle und Räucherwerk

Die folgenden Rezepte ergeben eine magische Hausapotheke für alle Fälle. Sie können nach Herzenslust verändert, ergänzt oder auch auf einzelne Zutaten reduziert werden, wenn du lieber mit einer Pflanze arbeitest, statt mit einer Mischung.

Mischungen für magische Öle

Gib für jedes Rezept etwa einen Esslöffel der zu gleichen Teilen vermischten Kräuter auf 50 Milliliter Basisöl. Das kann ein Sonnenblumen- oder Rapsöl sein, viele verwenden auch gern Mandel- oder Jojobaöl. Am besten setzt man das Öl zu Vollmond an und lässt es bis zum nächsten Vollmond durchziehen und kann es dann abseihen. Wenn es schnell gehen muss, kannst du die Kräuter auch intensiv im Mörser mit dem Öl verreiben und das Öl sofort verwenden.

Hier die möglichen Mischungen:

***Liebe:** Anis, Lindenblüten, Basilikum*

***Beruf und Finanzen:** Eichenrinde, Klee, Basilikum*

***Schutzöl medium:** Basilikum, Johanniskraut, Eberesche*

***Schutzöl extrastark:** Brennnessel, Thymian, Knoblauch*

***Wohlbefinden:** Kamille, Salbei, Mistel*

Basisrezepte für Räucherwerk

Mische die Zutaten zu gleichen Teilen und gib sie auf deine Räucherkohle.

Liebe: *Rosenblüten, Lindenblüten, Kamillenblüten*

Beruf und Finanzen: *Weihrauch, Eichenblätter, Königskerze*

Schutzräucherung medium: *Myrrhe, Beifuß, Wacholder*

Schutzräucherung extrastark: *weiße Knoblauchschale, Drachenblutharz, Thymian*

Wohlbefinden: *Weihrauch, Mistel, Kamille*

Günstige magische Zeitpunkte nach dem europäischen Medizinrad

Für unsere Vorfahren – und das ist noch gar nicht so lange her – hatte die Zeit nicht nur eine Quantität, sondern auch eine Qualität. Sie bestand nicht nur aus Tagen, Wochen oder Monaten, sie hatte zu jedem Zeitpunkt eine ganz bestimmte Farbe, wenn man es bildlich ausdrücken will. Es gibt hierzu sehr komplizierte Systeme wie die Stundenastrologie und sehr praxisorientierte Systeme wie das folgende, das man als europäisches Medizinrad bezeichnen kann. Ganz ähnlich wie im Medizinrad der Indianer spielt auch bei uns die Zahl vier eine wichtige Rolle, wenn es darum geht, die Qualität der Zeit zu bestimmen. Weitere Informationen zu den Hexenfeiertagen findest du in meinem Buch *Basiswissen Weiße Magie* und auf das System der Wochentage gehe ich in *Magische Heilkunst* genauer ein.

Hier in diesem Kapitel stelle ich dir die klassische Vierteilung des Jahres, des Monats und des Tages vor. Dieses System kann man um die Wochentage, die Planetenstunden und vieles mehr erweitern, wenn man möchte. Das muss man aber nicht, es ist in sich bereits stimmig und klar, und es hat den Vorteil, dass es leicht nachvollziehbar ist. Man muss nicht »glauben«, dass beispielsweise der Dienstag der Tag des Mars ist, wie im System der Wochentage angezeigt. Man sieht ganz praktisch im Alltag, wie lang das Tageslicht gerade ist, ob die Lebenskräfte zu- oder abnehmen, ob der Mond scheint oder an welchem Punkt des Tages man sich gerade befindet.

Grundsätzlich unterteilen sich alle vier Phasen immer gleich, nur auf unterschiedlichen Ebenen, und lassen sich mit folgenden Stichworten beschreiben:

- Neubeginn und erstes Wachstum
- Blüte und Höhepunkt der Kraft
- Abnehmende Kraft und Konsolidierung
- Ruhepol und Einkehr

Die Vierteilung des Tages durch die Sonne

Der Tag besteht aus vier verschiedenen Etappen, die im Jahreslauf in ihrer Länge natürlicherweise schwanken. Nähert man sich der Sommersonnenwende im Juni, überwiegen die Tagesstunden, geht es auf die Wintersonnenwende im Dezember zu, überwiegen die Nachtstunden.

Als Fixpunkte dazwischen dienen die Mitternacht und der Mitt-Tag (ganz wörtlich), also die Zeit von 12 bis 1 Uhr nachts und von 12 bis 1 Uhr am Mittag. Man sieht das auch noch daran, dass man neu zu zählen beginnt an diesen Umschlagpunkten, nach 12 Uhr kommt 1 Uhr, die Zeit dazwischen ist eine Zwischenzeit im wörtlichen Sinne.

Das findet man auch im Brauchtum sehr oft: Zu Mitternacht beginnt die Geisterstunde, am Mitt-Tag kommen die Mittagsfrau und ähnliche Gestalten hervor. Man soll mittags nicht arbeiten, weil das kein Glück bringt, sondern essen und sich ausruhen, denn es ist eine Zeit, die den Geistern vorbehalten ist.

Im Folgenden findest du Anregungen für die praktische Anwendung. Je länger du damit arbeitest, desto weniger brauchst du solche Hinweise. Du bekommst ein ganz natürliches Gefühl dafür, denn es *ist* ja auch ganz natürlich. Diese Dinge passieren real jeden Tag um uns herum.

Mitternacht bis Sonnenaufgang

- die klassische Geisterzeit
- günstig für Ahnenkontakte und Verbindungen zur spirituellen Welt
- für Rituale, die besonders stark wirken sollen
- bildlich: Wenn alles schläft, ist der »Funkkontakt nach oben« ungestört
- um Samen zu setzen, die zur richtigen Zeit austreiben sollen; also für Zauber, bei denen gutes Gelingen entscheidend ist und die dafür zeitlich mehr Raum haben

Sonnenaufgang bis Mittag

- für alles, was wachsen und zunehmen soll
- für anziehende Zauber
- um viel Energie zu nutzen; für Rituale, bei denen Zeit eine Rolle spielt und möglichst viel Kraft für ein baldiges Ergebnis gebraucht wird

Mittag bis Sonnenuntergang

- die Kraft nimmt langsam ab
- für sanft bannende Rituale
- der Tag ist noch aktiv und geschäftig, aber es kippt schon ein wenig von der weltlichen Aktivität zur spirituellen Kraft hin

Sonnenuntergang bis Mitternacht

- für stark bannende Rituale
- für eine sich verstärkende Verbindung zur spirituellen Ebene
- bei alten Volksheilern beliebt, um Krankheiten zu bannen; man beginnt seine Zeremonie vor Sonnenuntergang und beendet sie, nachdem die Sonne untergegangen ist, um die Krankheit zu lösen

Die Vierteilung des Monats durch den Mond

Genau wie der Sonnenlauf des Tages ergibt das Zu- und Abnehmen des Mondes ein bestimmtes Energiemuster, das sich über uns legt. Hier ist natürlich zu beachten, dass der Mondlauf nicht unbedingt dem Kalendermonat entspricht, es geht um die tatsächlichen Mond-Monate.

Im Grunde ist die Verteilung der Zeitqualitäten ganz ähnlich wie bei der vierfachen Aufteilung des Tages. Was im Tageslauf Mittag und Mitternacht sind, das sind Voll- beziehungsweise Neumond im Lauf des Mondes.

Zusammen mit dem Lauf der Sonne im Jahr, zu dem wir gleich noch kommen, kann man sich das wie drei größer werdende Kreise vorstellen, die uns umgeben: der kleine Kreis von Tag und Nacht, der mittlere Kreis des Mondes und der große Kreis der Sonne, der die Jahreszeiten bestimmt.

Neumond bis erstes Viertel

- für anziehende Rituale
- um Energien zu locken
- um neue Wege zu öffnen
- um Neuanfänge zu fördern
- für Veränderungen bei festgefahrenen Entwicklungen

Zweites Viertel bis Vollmond

- für stark anziehende Rituale
- um Dinge zu manifestieren
- wenn man ganz konkrete Ziele anpeilt
- jetzt ist die Energie »dicht« genug, um alle greifbaren Themen zu bearbeiten
- besonders auch zu Vollmond: Orakel zu lebenspraktischen Themen (Liebe, Finanzen, Beruf und so weiter)
- um die Fülle des Lebens zu feiern und ins eigene Leben zu locken

Vollmond bis drittes Viertel

- für reinigende Rituale
- fürs Loslassen
- um sich von Ballast zu befreien

- um zu erkennen, was wirklich wichtig ist und was nicht

Viertes Viertel bis Neumond

- fördert Ruhe und Meditation
- für Schutzrituale
- besonders auch an Neumond: Orakel zur tiefen Innenschau (spirituelle Fragen, Verbindung zu Krafttieren, Gottheiten und Geistwesen und so weiter)
- am Neumond ist auch eine Mond-Pause denkbar, also dass man an diesem Tag gar keine spirituellen Dinge macht, eine Aus-Zeit im wahrsten Sinne des Wortes

Die Vierteilung des Jahres durch die Sonne – die Jahreszeiten

Genau wie am Tag gibt es auch im Jahreslauf der Sonne zwei größere Wendepunkte. Am Tag waren das Mittag und Mitternacht, beim Mond sind es Voll- und Neumond, und im großen Lauf der Sonne sind es die Sommer- und die Wintersonnenwende.

In manch alter Tradition wurden im Jahr sogar nur Sommer und Winter unterschieden, als grobe Grundmuster in unseren Breiten. So finden sich zu den beiden großen Wendepunkten auch zahlreiche Rituale und Zeremonien, die vor allem der Reinigung dienten. Bevor es in die neue Zeitqualität ging, sollte alles Negative abgeschüttelt werden. So kam es zu Sonnenwendfeuern im Sommer und der reichlichen Verwendung von Räucherwerk zur Wintersonnenwende und in den darauf folgenden Rauhnächten. Sie harmonisieren übrigens das Sonnen- mit dem Mondjahr. Hat ein Sonnenmonat im Schnitt 30,4 Tage, liegt ein Mondmonat bei 29,5 Tagen. So bleiben zwölf Nächte übrig, die altbekannten Zwölfnächte oder Unternächte, wie die Rauhnächte auch genannt werden.

Das alte Brauchtum ist sich all dieser Dinge noch bewusst. Wir haben keinen lunisolaren Kalender, wie in manchen asiatischen Ländern, in denen nach dem Mond und der Sonne gerechnet wird. Unser Kalender orientiert sich an der Sonne – und doch blitzt in der Zeit »zwischen den Jahren« dieses alte Wissen auf, dass es neben der Sonnenzeit auch die Mondzeit gibt. Auch der Termin des Osterfestes hängt am Mond, es wird am Wochenende nach dem ersten Vollmond nach der Frühlingstagundnachtgleiche gefeiert (was sich wirklich umständlich anhört, ich gebe es zu).

Im Folgenden wieder einige Anregungen für deine magische Praxis. Da die Zeiten hier um zwei bis drei Tage schwanken können, kannst du das exakte Datum für jedes Jahr astronomischen Kalendern entnehmen oder du schaust einfach ins Internet.

Wintersonnenwende bis Frühlingstagundnachtgleiche

- neue Kräfte entstehen, sind aber noch nicht in voller Blüte
- unterstützt Zauber für Neuanfänge
- um Licht ins eigene Leben zu tragen
- um neue Wege einzuschlagen

- für Rituale, um Wachstum anzuregen, zur Bekräftigung für alles, was später einmal erblühen soll

Frühlingstagundnachtgleiche bis Sommersonnenwende

- die volle Blüte der Kraft
- für alle lebenspraktischen Zauber rund um die Liebe, den Beruf, Finanzen, Wünsche und konkrete Ziele, die man anstrebt
- Sommersonnenwende: gut zur Reinigung und für Schutzrituale für die kommende dunkle Jahreshälfte

Sommersonnenwende bis Herbsttagundnachtgleiche

- abnehmende Kräfte
- für Reinigung und Bevorratung
- um Dinge zu ordnen und zu strukturieren
- gut, um für Klarheit zu sorgen
- um loszulassen und zu entspannen

Herbsttagundnachtgleiche bis Wintersonnenwende

- Zeit der Ruhe und der Einkehr
- sehr gut für Schutzrituale
- Wintersonnenwende: für Reinigungsrituale und in den folgenden Zwölfnächten auch Orakel, Innenschau und Meditation

Zur Gewichtung

Ich werde oft gefragt, wie man die einzelnen magischen Korrespondenzen gewichtet. Das kann manchmal eine kniffelige Sache sein, aber wenn man mit Korrespondenzen arbeitet, die sich direkt an der Natur orientieren, ist es zum Glück einfach, weil wir alle ein Gespür dafür haben.

Der gewichtigste Einfluss ist die Vierteilung des Jahres durch die Sonne. Wir alle wissen aus eigener Erfahrung, wie sehr sich die Jahreszeiten auf unsere Stimmung auswirken.

Danach folgt der Mond, der den Monat unterteilt. Auch da kennen viele Menschen die direkten Auswirkungen, wenn sie zum Beispiel bei Neumond ein Energieloch verspüren, während mancher bei Vollmond so sehr unter Strom steht, dass er nachts nicht schlafen kann.

Zum Schluss kommt die Vierteilung des Tages als kleinste Einheit, die uns begleitet.

Wer den stärksten Einfluss für seine Ziele mitnehmen möchte, wartet tatsächlich auf die passende Jahreszeit mit dem passenden Mondviertel und arbeitet in der passenden Tageszeit. Der ideale Zauber, um etwas loszulassen, wäre also im Herbst, bei abnehmendem Mond an einem Nachmittag. Nun kann man aber nicht immer bis zum nächsten Herbst warten, wenn man etwas loslassen möchte. Also schaut man nach der nächstkleineren Ebene, dem Mond: Wann nimmt er wieder ab und hat man in dieser Zeitspanne einen Nachmittag frei, um sich darum zu kümmern? Dauert das zu lange, kann man auf der kleinsten Ebene an einem Nachmittag möglichst nahe am Sonnenuntergang arbeiten.

Es gibt also immer Möglichkeiten. Die Energie des Loslassens ist natürlich im Herbst am stärksten, das sagt einem schon das Gefühl: Ein Frühlingsnachmittag hat eben eine ganz andere Energie, als wenn man im November arbeitet. Der November wird sich tatsächlich nach Loslassen anfühlen, während im Frühling alle Zeichen auf Durchstarten stehen.

Manchmal geht es nicht anders, aber grundsätzlich ist es gut, auf die richtige Zeit zu warten. Notiere dir wichtige Anliegen am besten im Voraus in deinem Kalender für die jeweilige Jahreszeit. Als moderne Menschen in einer »Alles ist immer verfügbar«-Gesellschaft müssen wir so etwas manchmal erst wieder lernen. Aber je mehr wir der Uhr der Natur vertrauen lernen, desto besser kommen wir auch mit unserer eigenen inneren Uhr in Kontakt.

Weihe zur rechten Zeit

Zum Abschluss noch ein magischer Tipp: Weihe gleich einen ganzen Schwung Gegenstände zu einer Zeit, in der die passende Energie herrscht. So kannst du zum Beispiel gelbe Kerzen zur Sommersonnenwende weihen und im Winter immer dann anzünden, wenn du Licht, Schutz und Segen brauchst.

Kerzen für Fruchtbarkeit und Wachstum können zur Frühlingstagundnachtgleiche geweiht werden, Kerzen zum Schutz und um Negatives zu bannen, zur Herbsttagundnachtgleiche und so weiter. Du musst keine riesigen Vorräte anlegen, aber wenn du ein paar Dinge vorbereitest, hast du gleich etwas zur Hand, wenn du in einer besonderen Situation bist und die Kraft einer bestimmten Jahreszeit mit einbeziehen willst.